# Deutschland

Dieter Hildebrandt

# deine Berliner

Ein verwegener Menschenschlag

gegen-gezeichnet von Heide Luft

Hoffmann und Campe Verlag

1. bis 20. Tausend 1973

Gesetzt aus der Korpus Garamond-Antiqua
Gesamtherstellung Richterdruck, Würzburg
ISBN 3-455-03305-9 · Printed in Germany

# Mögen Sie Berliner?

(Statt eines Vorwortes)

Einen Vorteig in der Mitte des erwärmten Mehles anrühren. Nach dem Aufgehen die anderen, ebenfalls erwärmten Zutaten beifügen und den Teig so lange schlagen, bis er Blasen wirft. Dann in etwa 1 Std. bis zum doppelten Quantum aufgehen lassen und zu einem Rechteck auswellen. Mit einer Ringform oder einem Glas auf die Hälfte des Teiges nebeneinander Rundungen leicht eindrücken, in jede Rundung etwas Himbeer- oder Aprikosenmarmelade in die Mitte setzen, die andere Teighälfte darüber decken und die Pfannkuchen, welche sich auf diese Weise abzeichnen, ausstechen. Dann in ½–¾ Std. in der Wärme locker und hoch aufgehen lassen, schwimmend im heißen Fett backen, mit Puderzucker bestäuben oder in Zucker und Zimt wenden.

*»Das große Kiehnle-Kochbuch«*
über den Berliner Pfannkuchen

# Annäherungsversuch I

Berlin, du Bar des Planeten
Wie ich Urzeit spüre!
*Ivan Goll*

»Vor Gott sind eigentlich alle Menschen Berliner.«
Wie bitte?
»Vor Gott sind eigentlich alle Menschen Berliner.«
Erlauben Sie mal!
»Vor Gott sind eigentlich alle Menschen Berliner.«
Was soll denn das heißen?
Das wäre zu überlegen. Haben Sie Lust, lieber Leser?
Beginnen wir das Buch als einen Kriminalfall. Mit einem Satz sind wir in der Handlung: »Vor Gott sind eigentlich alle Menschen Berliner.« Wer hat bloß das verbrochen? Wer hat sich dieses öffentliche Ärgernis geleistet? Wer hat dieses empfindliche Gleichgewicht aus Berlin- und Gotteslästerung auf dem Gewissen? Natürlich fällt einem zuerst John F. Kennedy ein. Natürlich denkt man, das kann nur eine Parodie sein, Persiflage seines berühmten, weltpolitisch nachhallenden Satzes, den der amerikanische Präsident im Juni 1963 auf dem mit Geranien verzierten Balkon des Schöneberger Rathauses sprach, obwohl er sich überhaupt nur für ein paar Stunden in der Stadt aufhielt. Natürlich denkt man, das kann nur ein Jux sein, den sich einer gemacht hat über Kennedys Bekenntnis: »Ich bin ein Berliner«.

Ich hätte da schon ein paar Leute im Verdacht. Abgesehen davon, daß ich mir in guten Stunden auch nicht über den Weg traue, am wenigsten über die Bleibtreustraße, gibt es eine Menge Tatverdächtige, Nachahmungstäter, Parodeure, Witzlinge, Grenzgänger, Wortemacher: da fehlt doch nicht viel, und in einer späten Kneipe irgendwo tun sie Himmel und Erde in einen Topf, und es springt so ein Satz dabei heraus: »Vor Gott sind eigentlich alle Menschen Berliner.« Und womöglich würden sie alle sich sogar dazu bekennen: der Robert Wolfgang Schnell oder die Käthe Reichel, der Kurt Pomplun wie die Annemarie Weber, der Günter Bruno Fuchs und der Gert E. Schäfer (von der Ost-Berliner »Distel«), Kurt Mühlenhaupt womöglich oder Kurt Mattick, aber natürlich auch Werner Düttmann oder sogar Bischof Scharf oder am Ende Franz Amrehn von der CDU?

Die Fahndung, läuft sie so, läuft auf vollen falschen Touren. Der Satz ist ungefähr hundert Jahre alt. Er steht auf Seite 469 des jüngst erschienenen Bandes *»Unterwegs und wieder daheim«* aus der großen Fontane-Ausgabe der Nymphenburger Verlagshandlung. Er kommt in einem Aufsatz oder eher im Entwurf eines Aufsatzes mit dem Titel *»Berliner Ton«* vor, der zwischen 1876 und 1882 entstanden ist und zu Lebzeiten des Autors nicht veröffentlicht wurde. Aber es verhält sich mit unserer Recherche leider so wie mit dem Schluß der ersten Folge eines Serien-Krimis: Wer nun meint, er sei der Sache richtig auf der Spur, der irrt sich: denn bei Fontane steht der Satz in Anführungsstrichen, von Fontane selbst ist die Äußerung nicht. Und wenn man in dem ausführlichen Anmerkungsband nachschaut, findet man Gott und die Welt erklärt, aber nicht, wer gesagt haben kann, es seien vor Gott eigentlich alle Menschen Berliner.

Detektivische Maßnahme, zweiter Teil: wenn man schon nicht weiß, *wer* den Satz gesagt hat, sollte man vielleicht dahinterzukommen versuchen, *was* er sagt. »Vor Gott sind eigentlich alle Menschen Berliner« – was soll das überhaupt? Fontane setzt ihn als ein eher sarkastisches Beweisstück ein, in einem Zu-

sammenhang, wo er ziemlich kritisch mit den Berlinern und ihrem Mundwerk umgeht, zum Beispiel so: »Mit der Ortseitelkeit hängt zusammen, daß auf den Fremden gar keine Rücksicht genommen wird... (Der Berliner) fordert sofort ein Eingehen auf seine Stadt und das Leben und die Interessen derselben. Vor zehn Jahren besuchte mich ein Leipziger. Er kam von Paris und ging nach Leipzig zurück. Sein Gesicht strahlte, denn er umfaßte nun die Welt. Sein Axiom war: ›In Paris vollziehen sich die Dinge, in Leipzig werden sie gedacht.‹ Der eigentliche Berliner kennt diese Zweiteilung nicht, er sorgt für das eine und das andere.«

Und dann folgt unser Satz, gemeint als Hinweis auf Renommierlust und Weltdreistigkeit.

Weitere Spurensicherung: Der Satz weckt zumindest zwei Ahas. Da ist einmal die Banalität, vor Gott seien alle Menschen gleich, und zum andern Leopold von Rankes merkwürdiges Wort, jede Epoche sei »unmittelbar zu Gott«. Natürlich steckt auch Hegel dahinter, etwa mit seiner späten Meinung: – »Nur die Einsicht kann den Geist mit der Weltgeschichte und der Wirklichkeit versöhnen, daß das, was geschehen ist und alle Tage geschieht, nicht nur von Gott kommt und nicht ohne Gott, sondern wesentlich das Werk Gottes ist.« Der Gott, so muß gefolgert werden, vor dem alle Menschen eigentlich Berliner sind, ist der des neunzehnten Jahrhunderts, des späten sogar, ist wohl auch der, der Eisen wachsen ließ, ist wohl auch der, mit dem man für Kaiser und Vaterland in den Krieg zog. Es ist ein etwas abgestandener, ein reichlich irdischer, ein für den alltäglichen Gebrauch bestimmter Gott, den man sich sehr gut als ein Denkmal im Tiergarten vorstellen könnte, in schwerer Bronze, eine Gestalt zwischen Bismarck und Weihnachtsmann, ein für das Berliner Selbstbewußtsein vor hundert Jahren geradezu gepachteter Gott, der in Analogie zu den majestätischen Worten »Ich kenne keine Parteien mehr, kenne nur noch Deutsche« sagt: »Ich kenne keine Menschen mehr, kenne nur noch Berliner.«

Aber selbst wenn man diesen Gott bloß einen guten Mann sein läßt – wie wäre die Weiterung zu verstehen, daß vor ihm eigentlich alle Menschen Berliner seien? Ganz schlicht gefragt: soll das ein Vorzug oder ein Nachteil sein? Ein Nachteil vielleicht in dem Sinn, daß wir vor Gott allzumal Sünder sind? Daß Berliner-Sein ein Synonym für Sünde wäre; der kurze Nenner für die Sünde der Prahlerei, des Hochmuts, der entschiedenen Diesseitigkeit, für Großsprecherei oder für die Ideologie des Ellenbogens? – Aber ebensogut sind diese Sünden ins Verdienstvolle zu wenden, es bedarf dazu gar keiner Tricks, sondern nur der positiven Vokabeln: Selbstbewußtsein, Lebenstüchtigkeit, Entschiedenheit und Behauptungswillen.

Wir lassen dahingestellt, ob vor Gott nun der Berliner eine gute oder schlechte Figur macht, ob er sympathisch wirkt oder mies: wichtig ist die Vorstellung, daß es keines Privilegs bedarf, um als Berliner zu gelten, wichtig ist der Gedanke, daß, ein Berliner zu sein, jedem passieren kann, jederzeit und überall. Leichter als vor Gott geht es natürlich in Berlin.

# Annäherungsversuch II

> Wo ist Berlin in Berlin? Man hat Berlin noch lange nicht in den Händen, wenn man mir statt mich hört und volkstümliches Weißbier getrunken hat. Hier ist Berlin Paris, dort London, hier Krähwinkel, dort Kaserne, hier eine Demokratie, dort ein Büro, hier ein Bethaus, dort ein lustiger Markt . . . *Adolf Glaßbrenner*

Deutschland deine Berliner. So plausibel war die Erfindung des *»Deutschland deine . . .«*-Titels noch nie: denn Berliner kommen wirklich von überall her, aus deutschen Landen ziemlich frisch auf die Tabula rasa Berlin. Deutschland deine Pfälzer: das sind die Pfälzer in Deutschland, Deutschland deine Franken: das sind die Franken in Deutschland, Deutschland deine Niedersachsen: das sind die Niedersachsen in Deutschland – aber »Deutschland deine Berliner«, das sind die Berliner *aus* Deutschland, aus jenem Deutschland, das dann durch Berlin, das es eigentlich nicht gibt, jenes Deutschland wurde, das es auch eigentlich nicht gibt. So einfach ist das.

Sagten Sie eben, daß es Berlin nicht gibt?

Ja, ganz recht.

Wie könnte denn dann von Berlinern die Rede sein?

Eben deshalb.

Berliner gibt es, weil es Berlin nicht gibt?

Man könnte es nicht knapper sagen.

Aber das ist doch paradox!

Sehen Sie, jetzt haben Sie begriffen, was Martin Kessel einmal bemerkt hat, »daß der Geist Berlins dialektisch und paradox und stets auch das Gegenteil seines

Gegenteils ist.« Oder mit Karl Scheffler zu reden: »Berlin ist dazu verurteilt, immer nur zu werden und niemals zu sein.«

Unsinn, ich wohne schließlich schon seit dreißig Jahren hier.

Wo wohnen Sie denn?

Na, Sie wissen doch, in Charlottenburg.

Eben.

Berlin gibt es nicht. Berlin ist ein Prosa-Traum, eine Alltagsfiktion, eine Arbeitshypothese. Berlin ist eine Art von zivilisatorischem Stillhalteabkommen mit der Realität, oder ganz knapp gesagt: Berlin ist eine Behauptung. Eine bloße Behauptstadt.

Kein Berliner wohnt in Berlin. Der Berliner wohnt in Dahlem oder in Johannisthal, in Wedding oder in Wannsee, in Neukölln oder in Pankow, im Hansaviertel oder am Prenzlauer Berg, in Neuwestend oder am Cottbusser Tor. Der Berliner wohnt in seinem Bezirk (es gibt 21 davon im Bereich von vier Sektoren), noch lieber aber in seinem Kietz. Kietz: das meint die Nachbarschaft, die unmittelbare Wohngegend; das meint aber auch etwas wie Ureinwohnerschaft, Eingesessenheit, Angestammtheit. Kietz meint: Hier läßt sichs leben.

Keiner hat es da so weit gebracht wie die Charlottenburger. Charlottenburg ist flächenmäßig ein mittlerer Bezirk, aber in den letzten hundert Jahren sind aus sechzehntausend Seelen 180000 Einwohner geworden. Der eigentliche Charlottenburger ist aber der, der beiderseits des Kurfürstendamms wohnt, und der eigentlichste, der zwischen Kurfürstendamm und Kantstraße Quartier hat. So einer sagt dann auch lässig, nach seiner Adresse gefragt: »Schlüter Ecke Mommsen«, und da passiert es einem nicht selten, daß man durch einen verfallenen, vergammelten Hausflur sich hochtasten muß und sich schon auf eine Bruchbude gefaßt macht: Und mit einem Male steht man da in einem kleinen Palast, in einem Rokoko-Paradies oder einem Bücheruniversum. Oder man steigt fünf Treppen hinauf, und kurz vor dem Kreislaufkollaps erreicht man den hängenden

Berliner Treppenhaus

Garten irgendeiner Semiramis; natürlich gibt es auch ein Entree aus Diele und Zweizimmerwohnung und einer zur Bar verurteilten Küche: Dann aber der Balkon, zweieinhalb mal anderthalb Meter, kurz unter den Boeings und Superone-Elevens aufgehängt, aber da lernt man, so gründlich wie in ganz Italien nicht, mediterrane Flora kennen. Wer sagt denn, daß Charlottenburg kein südliches Klima hat, wer sagt denn, daß dies keine Landschaft ist für Agaven und Kakteen, wer sagt denn, daß hier nur Metzgerpalmen gedeihen! Und alte Ruinen stehen da womöglich herum, balkonesk zierlich, aber ganz und gar klassisch, und Jahreszeiten gibt es, da holt man sich sogar einen Sonnenbrand, der mindestens so weh tut wie in Rimini. Denn fünf Stockwerke über der Stadtbahn ist viel tieferer Süden als im Gotthard-Tunnel, und mit einem guten Cognac ist man den Sternen (wenigstens dreien) so nahe wie sonst nur in Sizilien. Auf fünf Quadratmetern Balkon kann ein Charlottenburger (oder sonst ein Berliner) einen ganzen Sommer verstauen: Luftmatratzen und Lampions, Niveaflecken und Picknicks, Pizza- und Piazza-Gelüste, Freikörper- und richtige Kultur, und einen Wind gibt es, der schmeckt an manchen Tagen nach Ostsee.
Oder Lichterfelde. Lichterfelde ist, gegenüber Charlottenburg, noch ungesichertes Terrain. Lichterfelde ist nicht zu verwechseln mit Lichtenberg, Lichtenrade, aber Lichterfelde zerfällt in Lichterfelde-West, Lichterfelde-Ost und Lichterfelde-Süd. Wo der Norden geblieben ist, weiß der Himmel.
Über Lichterfelde-Ost aber hat ein Schriftsteller, Peter Härtling, einmal *»Notizen zu einem Gedicht«* gemacht; das war, als er dort wohnte; mancher schreibt sich seine Gegend wohnlicher. Da heißt es zum Beispiel:

»Ich wohne in Lichterfelde.
In Berlin-Lichterfelde.
In Berlin 45.
In Lichterfelde Ost.

Im Süden der Stadt.
Am Rande.
In der Goethestraße.
Die Goethestraße gibt es auch in Charlottenburg und Zehlendorf, worüber Taxifahrer stadtkundliche Vorträge halten. Man ist gebeten zu sagen: zur Goethestraße in Lichterfelde Ost.
Wo ich wohne.
In der Provinz.
Im Stadtbezirk Steglitz.
In der Nähe des Rathauses Lichterfelde (geöffnet dienstags und donnerstags), der Feuerwehr, des Teltowkanals, des Bäkeparks, der Giesendorfer Kirche und nicht weit von Lilienthals traurigem Fliegeberg.
Ich fahre in die Stadt, sagen wir, wenn wir zum Kurfürstendamm wollen ...«

Oder nehmen wir Schöneberg. Das ist der Bezirk, dessen Rathaus gleichzeitig als Regierungssitz für West-Berlin dient und dessen großer Saal dem West-Berliner Parlament für Sitzungen dient. Aber wie weit entfernt war Schöneberg vor hundert Jahren noch von Berlin! Glaßbrenner läßt da seinen Nante auf die Frage nach dem Verbleib seiner Mutter antworten: »Meine Mutter ging ins Ausland, vielleicht nach Schöneberch, indessen unjewiß.«
Aber auch heute noch gibt es Leute, wie den Berliner Theaterkritiker Friedrich Luft, die, wenn sie vom Nollendorfplatz in der City ins Schloßparktheater gehen müssen, öffentlich erklären, sie seien nach Steglitz »gereist«.
Aber mehr noch als alle andern sind die Kreuzberger für sich. Sie nennen nicht nur »die höchste Erhebung des südlichen Höhenrandes über dem Spreetal« ihr eigen, eben den Kreuzberg mit seinen 66 Metern, sondern sie sind auch als bezirksbewußte Einwohner auf der Höhe. Niemand verfügt heute über so viel Eigensinn wie die Kreuzberger, niemand über so viel Lokalpoeten, die den Ruhm

Sonntag Früh, Platz am Kreuzberg

und die Besonderheit dieses Viertels publik machen. Dafür, daß jedes Jahr mindestens ein Buch über Kreuzberg erscheinen konnte, haben jahrelang Robert Wolfgang Schnell und Günter Bruno Fuchs gesorgt. Einer der witzigsten Belege ist *»Herrn Eules Kreuzberger Kneipentraum«* von Fuchs, aus dem diese kleine Passage stammt:

»Heranmarschiert in Richtung Kottbusser Brücke kam ein fader, abgestandener Sonntagnachmittag, dumpf und hinterhältig im Gleichschritt, ausgestattet mit Transparenten aus zehn Geboten täglicher Vorzimmerluft: Staat und Stadt, Pappa, Mamma, Onkel, Urahne, Muhme und Dackel, lobpreiset Otto den Öden, den einzigen Kaiser, von dem wir ernste Zeiten erhoffen, Härte vor allem, Sieg über Schwächen, Muskeln im Hirn, Musik soll sein, aber zuchtvoll und Blasmusik, die Söhne beim Ehrgeiz, unser Feldgrau im Herzen, Apfelsinen im Schlafrock, im Tornister die eigene Schlägerkartei, lobpreiset Otto, den dumpfen Monarchen, die Eierhandgranate im ehrlichen Klarsichtbeutel, und wer nicht kaufen will, soll auch nicht essen!«

Nirgendwo gibt es so viel Milieu wie in Kreuzberg. Man übertreibt nicht, wenn man sagt, daß alle Kreuzberger Milieunäre sind.

# Dem Volksmund auf den Zahn gefühlt

Berlin selbst ist ein Shakespeare an Witz.
*Adolf Glaßbrenner*

Der Berliner Witz ist berühmt, berüchtigt, auch gefürchtet. Vor der großen Schnauze des Berliners kommen sich viele wie Rotkäppchen beim Anblick der vermeintlichen Großmutter vor: sie werden zum gefundenen Fressen. Die Berliner Schlagfertigkeit ist sprichwörtlich: aber leider besteht sie auch zu einem guten, nämlich dem schlechten, Teil aus Sprichwörtern. Und daß der Volksmund vom vielen Maulhalten kommen könne, ist eine Vermutung, die gerade in Berlin naheliegt, in einer Stadt, wo immerhin schon mal Ruhe zur ersten Bürgerpflicht erklärt worden ist.

Also Vorsicht: ein reines Loblied wird dieses Kapitel nicht.

Denn: was heute als Berliner Witz sich einem darbietet, sind doch meist Skatausdrücke, die in dritter Generation ihre lachhafte Runde machen, sind abgestandene Kalauer, mit denen der mieseste Conferencier sich nicht mehr vor ein Publikum wagen würde, sind kleine gescheite Besserwissereien, die wie Kochrezepte weitergereicht werden, sind Lispelkünste, die aus einem »großen Faß Glasbrause« umwerfende Heiterkeit hervorsprudeln lassen, sind veraltete Verballhornungen wie »bonfortionös« oder »mittenmang«, sind Tonfälle, die ein gewisses von Oben-Herab zur Kadenz stilisieren. Das Gefühl des Auftrumpfens, so hat es in einer enthusiastischen Lobrede auf Berlin einmal Wolfgang Schadewaldt gesagt, gehöre zu den wichtigsten Merkmalen des Berliner Witzes. Was diesen Witz, für mein Ohr, gelegentlich so mißtönend macht, ist der Umstand, daß er zur Pflichtübung wird vor seinem eigenen Anspruch. Daß er sich ein Imponiergehabe zugelegt hat, dem er nun fortwährend gerecht werden will. Soviel gewitzte Spontaneität, wie sie vom Berliner erwartet wird oder wie er glaubt, daß man sie von ihm erwartet, gibt es gar nicht – also hat er sich längst angewöhnt, auf die Erwartung sich vorzubereiten. Man hält den Geistesblitz in petto; man hat immer ein Bonmot »auf Lager«. So wird oft, im wahrsten Sinne des Wortes, »Eindruck geschunden«. Der Witz ist zur Werbemasche in eigener Sache geworden.

Nein, so böse sollte man es nicht formulieren. Es spricht für die Stadt, daß man hier nicht mit Geld, sondern mit guten Worten imponieren kann, daß man nicht reich, sondern geistesgegenwärtig sein will, daß man unter allen Fertigkeiten die Zungenfertigkeit am meisten honoriert. Der schnelle Wagen, die neue Freundin, die abenteuerliche Ferienreise, die schönste Aufmachung zählen hier nicht so viel wie die Fähigkeit, in geselligen Situationen den Ton anzugeben. In Berlin findet immer wieder, immer noch, eine Art Fingerhakeln mit der Sprache statt, die Wortklauberei als Gesellschaftsspiel. Wer da sich hervortut, der muß weder schön noch reich, noch stark sein: er ist der Sieger. Das »Gut gebrüllt Löwe« gilt für den Berliner als viel besserer Ausweis denn die gruseligste Jagdtrophäe.

Hier ein kleiner Taschenvorrat für Abende, an denen man glänzen möchte; es sind spezifische Berliner Witze, Qualitätsstufe eins; wer kein Gelächter damit erntet, hat sich die falschen Leute ausgesucht.

Zuerst einmal das Modell eines Berliner Witzes:

»Mensch, jeh in dir!«

»War ick schon, ooch nischt los.«

Darüber ließe sich philosophieren: wie da Innerlichkeit in Touristik, Einkehr in Sightseeing, Reue in Hochmut umgewandelt wird: Die Außenwelt als Innenwelt der Innenwelt.

Ähnlich auch der Litfaßsäulenwitz; da torkelt ein Betrunkener immerzu um eine der runden Plakatsäulen herum und lallt dann:
»Entsetzlich! Lebendig eingemauert.«
Dann gibt es eine etwas handgreifliche Studie in makabrer Konsequenz, die für den Berliner Witz charakteristisch ist: Zwei Leute sitzen sich an einem Kneipentisch gegenüber. Sie geraten in Streit. Einer schlägt dem andern ein Auge aus. Da sagt der Betroffene: »Wenn de det noch mal machst, kuck ick dir nich mehr an.«
(An diesem Beispiel läßt sich auch besonders klar der Unterschied zwischen Berliner und Wiener Witz deutlich machen, denn es gibt dazu eine österreichische Variante: »Wannst net glei still bist, schlag i dir ein Auge aus; das andere laß i dir zum Weinen.« Wie wenig der Wiener auf die dialektische oder zumindest antithetische Stimmigkeit aus ist, zeigt sich daran, daß dieser Witz auch anders als in der Begrenzung auf ein Augenpaar erzählt wird: »Wannst net glei still bist, schlag i dir die Zähne aus; einen laß i dir fürs Zahnweh.«)
Wichtig ist die Beherrschung des Raketenwitzes mit mehreren Zündungsstufen. Wer zuletzt lachen macht, lacht hier am besten.
Einer sagt, und glaubt schon die Lacher auf seiner Seite: Die Berliner hängen doch so an ihrem Grünzeugs. Sagt die Mutter zu ihrem Sohn und zeigt auf die Oleanderbüsche: »Orje, trag mal'n Jarten raus.«
Ihr Auftritt, bitte. Der Witz geht doch noch weiter: »Aber Orje, stell den Oljander weit ausnander, det et wien Park aussieht!«
Von Orje handelt auch der berühmteste Berliner Witzsatz, in dem Dialektik, wie so oft, in Masochismus umschlägt: »Jeschieht meiner Mutter janz recht, det mir die Hände frieren, warum kooft se mir keene Handschuh.«
Gilt für den Wiener die Maxime: »Gar nicht ignorieren«, so für den Berliner die andere: »Mir wird nicht imponiert.« Diese Devise ist mehr als hundert Jahre alt. Schon Adolf Glaßbrenner beschrieb diese Haltung in einem kurzen Dialog zweier Eckensteher, die sich voreinander keine Blöße geben wollen.

A. Sag mal, hast du denn schon davon gehört?

B. Wovon denn?

A. Nu von die Geschichte mit den – mit den – na, da draußen, da neben die – jees! Wie heißen denn die Leute?

B. Meenst du vielleicht die neue Bierkneipe?

A. I nee doch! Ick meene die Jeschichte da mit den – na, der Name schwebt mir uf de Lippe. Die da draußen vorjejangen ist, da bei – da draußen bei – Jott, du mußt ja den Ort kennen!

B. Ach jees, des is die Geschichte mit den – ja, die kenn ick – mit den – na, mit den, jees, wie heeßt er doch? Die meenste?

A. Richtig, ja, die meen ick. Also du kennste se schon?

B. Ja, die kenn ick; die hat mir ja der – der – na wie heeßt er denn? erzählt. Der – da draußen – du weeßt ja!

A. Ja, ich weeß schon, det is die Jeschichte. Von den hab ick se ooch.

Meine gewisse Skepsis in Sachen des Berliner Originalwitzes stammt aus einer Erfahrung, die sich als eine witzig-kuriose Geschichte erzählen läßt. Nämlich wie folgt:

Vor ein paar Jahren heimste Friedrich Torberg, der Wiener Autor, Kritiker, Polemiker, bei einem Aufenthalt in Berlin eines jener erlösenden Worte ein, die man vom Berliner Witz gewöhnt ist. Der Satz hieß: »Die Zukunft ist auch nicht mehr das, was sie mal war«, und Torberg ließ ihn sich gesagt sein als Äußerung eines Berliner Taxifahrers. Hier waren Jux, Skepsis und Paradoxie auf den kleinsten gemeinsamen Nenner gebracht, hier entschädigte sich Ungewißheit durch Pointierung ihrer selbst, hier war unser aller Morgengrauen durch Kaltschnäuzigkeit wieder bei Troste. Was steckte nicht alles an Ironisierung darin: der reklameträchtige Umgang mit der Zeit (»Heute so gut wie gestern und morgen«), damit der Erfahrung, daß die Zukunft schon begonnen habe, und wohl auch die

Abgebrühtheit des Bewohners einer Stadt, die sich auf den Status quo eingerichtet hat – dies alles war zugleich glossiert.

Dann kam der Schock. Er kam in einer Buchhandlung und machte ein gut Teil Andacht vor Volksmund, Mutterwitz und Geistesblitz zunichte. Beim Stöbern zwischen den Büchern geriet ich zuerst an Friedrich Sieburgs *»Gemischte Gefühle«*, blätterte ein wenig, und just auf Seite 116 klaffte das Buch auseinander, und da stand: »... denn wir haben allen Grund anzunehmen, daß auch die Zukunft nicht mehr das ist, was sie einmal war.« Nun war sie weiß Gott nicht mehr die von früher, da sie sich doch gleich zweimal so deutlich zu erkennen gab, aber mich ritt der Zufall, ich schlug, bei derselben Gelegenheit, in derselben (inzwischen eingegangenen) Buchhandlung noch ein paar andere Bücher auf, darunter Alexander Kluges *»Schlachtbeschreibung«*, und wieder erhielt ich die Auskunft: »Auch die Zukunft ist leider nicht mehr das, was sie einmal war.« Kein Taxifahrer, kein Friedrich Sieburg, sondern Paul Valéry, der das Motto des Buches geliefert hatte.

Von Bertolt Brecht stammt, zur Abwehr der verschwommenen Vokabel Volkstümlichkeit, die Bemerkung, das Volk sei gar nicht »tümlich«. Unter dem Eindruck der eben geschilderten Fundsachen läßt sich fragen, wie mündig der Volksmund sei und ob der Berliner Witz nur aus der zweiten Hand in den Mund lebe. War Torbergs Taxifahrer (er kannte ihn nur vom Hörensagen!) ein Valéry-Leser (wie es Sieburg sicherlich gewesen ist), oder hatte er den Satz von einem Fahrgast aufgeschnappt, der neben der Zahnbürste auch immer ein paar Aphorismen mit auf die Reise nahm?

»Genährt«, so schrieb schon vor fast hundertfünfzig Jahren Adolf Glaßbrenner, »genährt wird dieser Sarkasmus der Berliner durch ihre Lesesucht. Gelesen wird in Berlin alles, das Lesen ist in Berlin das erste und größte Verdienst. Bevor er ißt, trinkt, schläft und andere Dinge tut, liest der Berliner, und das ist bei unserer heutigen verschrobenen Literatur sehr klug von ihm, daß er zuvor liest und dann die notwendigen anderen Dinge tut. Aber er ißt und trinkt oft nur, um zu lesen, darauf basiert das ausgebildete Konditoreileben, ja größtenteils sogar das Bier- und Weinhaustreiben der Residenz. Verbotenes wird natürlich am meisten gelesen. Nur die Lieutenants essen Kuchen, um Kuchen zu essen. Die andern Berliner essen Kuchen, um Zeitungen zu lesen, und die meisten gehen auch nur deshalb, und da in Berlin eine ander*weite* Öffentlichkeit fehlt, ins Wirtshaus. Der Wein aber treibt ihre ganze Natur heraus, und der Kritiker und Humorist lösen sich bald in dem Enthusiasten auf. Ehe eine Stunde vergeht, fliegen die Zeitungen von den Tischen, das Gespräch entfaltet sich, wird immer lebhafter und herziger, feuriger; der Witz und der Freiheitsdrang kennt keine Grenzen, und die Champagnerkorke jauchzen wie die Berliner Seelen, die der Convenienz und der Polizeibedrückung entfesselt sind ...«

Der Berliner Volksmund macht sich vor allem akustisch bemerkbar. Vor ein paar Jahren notierte ich: »Es wird so laut gesprochen in der Stadt wie noch nie.« Erst jetzt stieß ich auf folgende Bemerkung Fontanes: »Was einem Fremden zunächst auffällt, ist das Lautsprechen und das Vielsprechen. Warum nicht laut? Ich bin ja ich; und warum nicht viel, ich weiß ja Bescheid, ich habe ja alles gesehen, gehört, gelesen.«

Also das Laute, Vorlaute gehört zum Zahnschmelz des Berliner Volksmunds, das hat es wohl immer gegeben. Aber die Gründe haben sich doch verändert: man weiß nicht so sehr, man »stößt« Bescheid. Man ist nicht mehr im Bilde, man gehorcht einem Image. Da jeder alle Witze kennt, hat nur der eine Chance, der die andern übertönt oder ihnen zuvorkommt. Die große Schnauze wird zur Notgedrungenheit, zum Markenartikel. Aber nicht nur Belustigungen haben an Phonzahl zugenommen, auch einfachste Wörter, in denen das Idiom sich entfalten kann, erleben ein gewaltiges Crescendo. Man achte einmal darauf, wie oft ein »Morjn« gesagt wird, trotzig, hingedehnt, mit nasaler Ausführlichkeit und als tausendfaches Zitat: als müsse man Zeugnis ablegen von irgendeiner der

vielen Unverwüstlichkeiten, die einem im Laufe der letzten Jahrzehnte nachgerühmt worden sind; oder wie ein »Schön Dank!!!« so hingeschmettert wird, als wäre Dankbarkeit überhaupt die größte Zumutung schlechthin.
Viel ist geschrieben worden über den Berliner Volksmund; aber das Berliner Grundwort, die Elementarvokabel, ist dabei nie gewürdigt worden, diese Allerweltsfloskel, in der sich Vorsicht und Obrigkeit, Plausibilität und Obertanengeist zusammenballen, dieses Kommando, das gewiß das häufigste Wort im heutigen Berlin (beiderseits) immer noch ist: Der Ausruf »Zurückbleiben«, wenn ein Zug, sei es U-Bahn oder S-Bahn, abfährt und niemand mehr einsteigen darf. Man höre doch nur, wie auf den U-Bahnhöfen die sogenannten »Abfertiger« einander in der Kunst übertreffen wollen, diesen Ruf zwischen »Zoooooooikbleim« und »Zurrrrückblebennnn« zu immer abschreckenderen Wortlauten zu treiben. Mit diesem Appell in so wirrer Phonetik setzt sich übrigens ein gut Teil Preußisches fort; der Kronzeuge dieses Buches, Adolf Glaßbrenner, erfindet um die Mitte des vorigen Jahrhunderts die »Zaruck Gesellschaft«, und er begründet den Namen, spöttisch, wie folgt: »Der Name unserer Gesellschaft ist den Jendarmen entnommen, die, wenn sie das Volk von irgendeinem interessanten Jejenstande fortdrängen, sich des Ausrufes ›Zaruck!‹ bedienen ... Sobald Sie in diese unsere Verrammlung, Versammlung treten oder irjendeinem Mitjliede auf der Straße oder sonstwo bejejnen, so rufen sie, das zweite Mal stärker als das erste, und das dritte Mal stärker als das zweite Mal: ›Zaruck! Zaruck!! Zaruck!!!‹ Das ist unsere Parole, unser Wahlspruch: wir wollen durchaus keinen Fortschritt, sondern nur Rückschritt.«
Der politische Hintergrund ist damit angedeutet; aber was an dienstlicher Sorgfalt und individueller Überlegung in so einem Vorsichtsappell steckt, sollte endlich auch einmal zur Sprache kommen. Hier das »Zurückbleiben« als innerer Monolog eines Fahrdienstleiters; wir stellen uns vor, so einer redete sich seinen Kummer einmal ausführlich von der Seele:

Zurückbleiben! Bleiben Sie doch zurück, Menschenskind, oder soll ick sagen: Zoorickbleim, bleim Se endlich zoorick. Wenn Sie so weitermachen, kommen Sie noch mal unter die Räder, junge Frau, wenn ick sage zurückbleiben, dann wird gefälligst zurückgeblieben, das wollen wir doch mal festhalten, das geb ich Ihn' auf Ihren Lebensweg. Herrschaft, das bißchen Individualität kommt auch noch mit dem nächsten Zug zurecht, was soll's, machen Sie keine Geschichten, immer wer weiß wie eilig, als wenn Euch noch jemand Ismael nennt oder als wenn Franze Biberkopf noch rumrennt, doch alles aus dem Gleis geworfen, auf der Strecke geblieben, Zug der Zeit, Bahn frei. Kommen mit Ihr'n bißchen Tageslauf noch früh genug zu spät, immer det Gehaste, Begebenheit, wie der Berliner sagt.
Interessiert doch keinen, was Sie gewollt haben, wen soll denn das heute noch interessieren. Haben Sie mal was von Dienstvorschrift und Fahrplan gehört. Ich sage am Tag hundertfünfzigmal zurückbleiben, macht im Jahr... können Se sich selber ausrechnen. Und immer wieder die Eiligen, nicht bloß Sie allein, i wo, wie oft muß ick predigen Einsteigen nach Erteilen des Abfahrtssignals und nach dem selbsttätigen Schließen der Türen verboten. Lebensgefahr, aber auch wegen der Ordnung, wegen des Betriebs, der muß laufen, Reichseisenbahnordnung – da greift eins ins andere, das ist die wahre Sache, das müssen Sie sich mal plastisch vorstellen, das ist eine Welt für sich, da kann sich Ihr bißchen Privatissimum hinter verstecken, und ob Onkel Erich wartet oder ob Ihr Kind in't Krankenhaus muß, oder was soll sonst schon sein. Wenn Sie unterm Zug liegen oder sind eingeklemmt, dann ist auch nicht mehr so viel mit der lieben Familie oder mit der Leidenschaft oder was weiß ich. Habe das alles schon erlebt, fragen Sie nicht nach den Scherereien, und die Bergung dauert stundenlang, und bis dann die Verspätung wieder eingeholt ist – also bei mir nicht mehr, ich habe das schärfste Zurückbleiben von der ganzen Kollegenschaft, da wird nicht gefackelt, keine Extratour. Bei mir gibts keine Eile nicht mehr, für Sie und für keinen nicht,

kommste heute nicht, kommste morgen, inne Zeitung steht immer von Verfall der Persönlichkeit, aber die Leute rennen immer noch. Komisches Volk. Stehen Sie mal so lange auf dem Perron wie ich, dann machen Sie auch nicht mehr soviel Getue, dann merken Sie, Sie kriegen erst mal bißchen Sinn fürs Große, für das Funktionieren. Dann finden Sie es auch lächerlich, wie es jeder extra eilig hat und jeder extra wichtig, aber das weiß ich besser, und ick sage Ihnen, in so einer automatischen Tür steckt mehr Sinn und Verstand als in der ganzen Nervosität, glauben Sie einen erfahrenen alten Abfertigungsbeamten.

Ich will Ihnen mal ein Beispiel sagen, das werden Sie vielleicht besser verstehen. Kenne einen Polizisten, Verkehrsschutzmann, wissen Sie was der erzählt: Mit Ampeln kriegen sie mehr Wagen durchgeschleust, über ne Kreuzung, als wenn da 'n Uniformierter steht. Der will et nämlich besonders gut machen und läßt immer noch einen durch und immer noch einen und denn noch einen, und die andere Richtung staut sich. Wat aber die Ampel is, die kennt da nichts, ruckzuck rot, läßt die Kerle bremsen. Na nu wern Sie vielleicht begreifen, was es heißt, wenn ich zurückbleiben rufe, Frollein. Ich kenn das Leben, Frollein, das könn' Se mir glauben, aber das ist ne große Unternehmung wie die S-Bahn oder die Post oder wie Berlin meintswegen, so wie't früher war. Ick wer Ihnen sagen, wat Leben is: das, was unsere Gleispieker zwischen den Schienen aufkramen, alle vierzehn Tage, eigentlich isset ne Schweinerei, schließlich haben wir ja Papierkörbe und ne Kinderstube sollten wir vielleicht auch haben, aber Leben, ich mein das große Leben, das ist ja verwirrender als Kursbuch, das ist nun mal nicht so proper, das lagert sich so sachte ab, Stullenpapier, Billette, Keksschachteln, Notizzettel, Theaterkarten, das ist reineweg nicht zu glauben, was da so alles zwischen die Schienen kommt. Oder Sie müßten mal in't Fundbüro gehen, was da alles verlorengeht und wird nicht abgeholt – kräht kein Huhn und kein Hahn danach, aber wat wollt ich sagen – eben, so ist das Leben auch, und was wir sind: bestellt und nicht abgeholt, wenn Sie et jenau wissen wollen: meistens nicht mal bestellt, nicht mal richtig bestellt.

Sehn Sie, diesen Zug haben Sie nun verpaßt, nun könnten Sie wer weiß wie spannende Sachen erzählen, so'n Kintopp meintswegen, großes Drama, Lebensstellung, einmalige Gelegenheit verpaßt, der Geliebte stürzt sich vor Verzweiflung aus dem Balkon, nicht mein Bier, Frollein, Kurzmeldung, halbe Minute Lektüre, zwischen zwei Happen beim Frühstück, ick eß morgens immer nur Butterstulle, damit ick ungestört lesen kann, Sirup und Marmelade det sabbert einen ja doch nur von der Stulle, und mit Eiern is det auch immer so'n Umstand, die nehm ick lieber mit auf'n Bahnhof – aber was wollt ick sagen, dies ganze Theater ist doch wie gehabt – aber sehn Sie, so'n Zug, das ist ne Sache, so'n Schienensystem, so 'ne Bahnstrecke, und wie das alles zusammengesetzt ist, damit der Laden läuft. Da greift eines ins andere, das klappt, große Schau. Nehmse so 'n U-Bahnzug: denn wundern Sie sich glatt, daß er fährt. Manchmal, wenn ich »Zurückbleim« sage, denke ich, der fährt jetzt nicht ab, wieso soll der denn, det is doch 'n Koloß, wie soll denn der in Bewegung kommen. Und dann fährt er doch, wahrhaftigen Gott, er fährt.

Deutlichstes Element des Berliner Witzes ist der Kalauer. Der Kalauer ist oft und vergeblich definiert worden: vielleicht kann man ihn als das Aschenbrödel neben den eleganten Schwestern Wortspiel und Bonmot bezeichnen. Am Kalauer scheiden sich die Geister. Ehen verfallen, wenn der für diese Sorte Witze geltende Intelligenzmaßstab, der Q.Q. (Quatsch-Quotient) nicht annähernd gleich ist, wenn sich eines Tages herausstellt, daß der eine auf Kalauer reagiert, der andere nicht. Des einen Zwerchfellerschütterung führt dann zur echten Erschütterung des nun nicht mehr lieben Nächsten. Abende gehen völlig ungleich aus, je nachdem, ob man in eine Gesellschaft gerat, in der man einen Satz mit »Wahnsinn« und »Unsinn« wagen kann oder nicht (der soll dann den berlinischen Wortlaut haben: *»Wa'n Sie'n* schon in *unsen* Garten?«) Oder das noch tollkühnere Unterfangen mit »Kaviar« und „Kasimir«: *»Ich hav gar keene Zähne mehr, ick ha sie mir* alle ausjebissen.« Kann sein, daß man nach diesen Proben als Held des Abends gefeiert wird, kann sein, daß man besser gleich geht.
Der Kalauer ist der Witz um jeden Preis, und der Berliner will um jeden Preis einen Witz machen. Aus Biographie wird »Bierjeojraphie«, aus Kanarienvogel

»Karnalljenvogel«, aus einem Dictionnaire wird die »Dickstejeere« (Dickste Göre), aus »doppelt kohlensaurem Natron« wird ein »doppelsohlenkauendes Nashorn«, und alle möglichen Dinge werden parodiert: Das »Ubi bene, ibi patria« erscheint als »Jute Beene, Hiebe Patria«, Gellerts Choral »Mein erst Gefühl sei Preis und Dank« wird verballhornt zu »Mein erst Jefühl sei preußsch Kurant«, und ebenfalls Gellert ist das Opfer des folgenden Unsinns:

»Lebe, wie du, wenn du stirbst,
Wünsche wohl jespeist zu haben.«

Aber die souveränste Form des Berliner Witzes, die rarste auch, ist die des unverhofften Geistesblitzes. »Zahllose Wendungen gibt es«, so schreibt Walter Benjamin, »in denen der Berliner so auf Gulliverische Art sein Lilliput von Wirklichkeit aus den Angeln hebt. Und die besten sind noch nicht einmal Redewendungen, sondern Zufallsbildungen, die nur das Glück erhascht. Ich denke an einen Chauffeur, den eine Panne zwang, unter seinen Wagen zu kriechen. Ein Auflauf. Unter den Vordersten beginnen ein paar zu kichern. Da tauchte hochrot der Mann unter seinem Gestell hervor: ›Wat hier jelacht wird, det lache ick.‹«

Diese Form des Berliner Witzes bedarf des guten Ohrs und des guten Gedächtnisses bei dem, der ihn hört. Er gedeiht nicht in den Blechkapseln des Individualverkehrs (Autofahrer können jahrzehntelang durch Berlin gondeln und werden nicht an ihn glauben), er kommt merkwürdigerweise auch nicht so sehr in den durch Schienen eingegleisten Verkehrsmitteln vor. Am besten gedeiht er in den Bussen, die plötzlich bei einer Notbremsung das eingefahrene Publikum durcheinanderschütteln, oder bei öffentlichen Veranstaltungen. Schulkinder trainieren sich in Schlagfertigkeit, so wie jener Junge, der, mit seinen Eltern eingeladen, erlebt, wie der Gastgeber sich bei seiner Frau, die ihm den Zucker über den Tisch gereicht hat, bedankt: »Der wohnt hier und sagt danke.«

Jüngster Beleg, daß diese Form des Berliner Witzes, spontan, sprachlustig, blitzgescheit, noch en vogue ist: Bei einer kleinen Abendgesellschaft, zu der ich war, sagte die Hausfrau mit Hinweis auf diverse Lammkoteletts:

»Hoffentlich ist nicht eins zäh.« Darauf einer der Gäste (leider nicht ich): »Aber nicht doch, sie sind alle I a.«

# Basic Berlinisch

Hier stehts drin!
*(Standardausruf eines Berliner Zeitungsverkäufers)*

*Eß- und Trinkbares:*

| | |
|---|---|
| Hackepeter | (Gehacktes, Faschiertes, vom Schwein) |
| Knüppel | (längliches Milchbrötchen) |
| Lorke | (ein Kaffee, der fast keiner ist) |
| Molle | (ein Bier, bei dem es meist nicht bleibt) |
| Nervöse Bulette | (spricht für sich selbst) |
| Schrippe | (was anderswo Brötchen, Semmel oder Bemme heißt) |
| Senatsbrause | (prickelndes Erlebnis bei öffentlichen Empfängen) |
| Stulle | (Butterbrot) |

*Schimpfbares:*

| | |
|---|---|
| Wern Se alle! | (Hauen Sie ab!) |
| Den lehn wa an de Wand! | (Drohung; nach Walter Benjamin) |
| Blau jestrichenes Abführmittel | (Polizei) |
| Schnauze! | (Aufforderung, sie zu halten) |

| | |
|---|---|
| Mumpitz! | (Unsinn) |
| Machen Se keene Menkenke! | (keine Geschichten; nach Thoma *»Altaich«*) |
| Flaumenaugust! | (obstfeindliche Äußerung) |
| Jehn Se doch auf Ihre eignen Beine spazieren! | (Wenn uns einer auf die Füße tritt) |

*Sozusagendes:*

| | |
|---|---|
| Arienanker | (Ullmann-Plastik vor der Deutschen Oper) |
| Bratenbarde | (einer, der eingeladen wird, weil er so unterhaltsam ist) |
| Charlottenburger | (Naseputzen ohne Netz) |
| Eierpampe | (Kinder-Zement) |
| Jesundbrunnen! | (Zuspruch beim Niesen) |
| Kommode | (Die alte Königliche Bibliothek) |
| Laubenpieper | (Schrebergärtner) |
| Lippentriller | (Aus der Flasche trinken, gluckernd) |
| Melanklöterig | (Trübsinnig) |
| Mittelmum | (Durchschnitt) |
| Rosinenbomber | (Luftbrücken-Flugzeuge) |
| Sardellensemmel | (Glatze mit weithergeholten Strähnen) |
| Tiburz | (Maßeinheit für leeres Stroh, das ein Mensch in einer Stunde dreschen kann; nach dem weiland wortseligen Senator Tiburtius) |
| Wuppdizität | (Plötzlichkeit, Heftigkeit) |

*Kurzangebundenes:*

| | |
|---|---|
| j. w. d. | (Janz weit draußen) |
| i wo! | (Gewiß nicht) |
| wa? | (Nicht wahr?) |
| Mir Pomade | (egal) |
| Nicht die Bohne | (überhaupt nicht) |
| Nese sein | (leer ausgehen) |

# Kleine Philosophie des Denkste

Man könnte ihn einen Denker nennen, wenn er zu seinen vielen Fäden ein Labyrinth gefunden hätte. *Hans Kudszus*

Die Ecke ist die Denkfigur des Berliners. Sein Witz schlägt Haken, und sein Amen heißt: Denkste. Denkste ist die kürzeste Chiffre für sokratische Weisheit, nämlich dafür, daß man nichts weiß. Denkste meint, daß einer geradeaus läuft und genau damit in die Irre geht. Denkste ist auf den kleinsten gemeinsamen Nenner gebracht: die Dialektik der Aufklärung, die Tragödie der Vernunft und eine Menge Lebenssarkasmus: »Denkste denn, denkste denn, du Berliner Pflanze, denkste denn ick liebe dir, nur weil ick mit dir tanze.« Denkste ist das Ätsch des Geistes.

Der Eckensteher ist folgerichtig der Denker unter den Berlinern geworden, eine Art Diogenes ohne Tonne. Der berühmteste Eckensteher hieß Nante, und seine Philosophie, wenn er Schnaps trinkt, liest sich so: »Aach, des schmeckt! Des schmeckt als wenn eener Schnaps drinkt, un er schmeckt ihm. So, nu hab' ick jefrühstückt, nu wer' ick mir mal de Welt ansehen, ob noch allens in Ordnung is. (Er sieht sich um.) Himmel is da, is oben, de Erde is hier, un de Destlationsanstalt is drüben: Welt, jetzt kannste wieder losjehen! Lebenslauf, ick erwarte Dir.« Später, als er sich über den Wirt der Destillationsanstalt beklagen will und von einem Gerichtsaktuarius befragt wird, was er sei, antwortet Nante: »Mensch! Immer und ewig Mensch.«

Und wenn dieser Nante ans Sterben denkt, dann hört sich das so an:

»Un sagt der Tod einst: Nante, du,
Komm mit die jroße Strecke!
Da spring ick bloß, un ruf ihm zu:
Ick bin schon um die Ecke!«

Die Eckensteher waren in den Jahren um 1830 eine Art Dienstmänner, die Botengänge machten und den Hausfrauen die Körbe nach Haus trugen, wenn sie ihnen nicht aus lauter Faulheit selbst einen Korb gaben, denn die Trägheit dieser Sonnenbrüder, wie man sie auch nannte, muß fast so gewaltig gewesen sein wie ihr Durst. Später wurden sie dann immer weniger gefragt, weil von Wien aus der Fiaker seinen Siegeszug antrat durch Europa und auch nach Berlin, aber der Witz dieser Leute rettete sich zu den Dienstmännern und Trägern auf den neuerstehenden Bahnhöfen und zu den Schuhputzern.

Die Ecke dagegen ist vom Standort Nantes zum Standpunkt der Berliner avanciert. Berlin hat das Eckige der Ecke, das Brutale des Um-die-Ecke-Bringens, das Verletzende des Aneckens domestiziert, es hat das Um-die-Ecke-Denken als eine Form von Nachbarschaft in Betrieb genommen, und dieser Betrieb heißt: Eckkneipe. Die Eckkneipe ist ein Pendant zur Quadratur des Kreises. Wo gäbe es sonst bei einer Ecke soviel Runden?

Die Eckkneipe lehrt: Wo zwei Straßen sich schneiden, müssen nicht auch die Anwohner sich schneiden. Oder anders: Eine Kreuzung ist eine gute Gelegenheit zum Aufkreuzen. Eine richtige Straßenkreuzung hat natürlich vier Ecken, und wenn sie ganz richtig ist, hat sie auch vier Eckkneipen, mindestens aber zwei. Denn damit die Ecke zur Lebensform, die Eckkneipe zur geistigen Heimat werden kann, gehört, daß man die Wahl hat, daß man sich seine Kneipe wählen kann. Ist die Wahl einmal getroffen, dann muß schon ein Wunder passieren, die

Biersorte wechseln, die Skatrunde platzen oder die Kellnerin weggeheiratet werden, ehe man sich was Neues sucht. Daraus folgt: Die Eckkneipe ist fast immer ein zweites Zuhause, fast immer eine Nachbarschaftskneipe. Hier ist fast jeder Tisch ein Stammtisch.

Meine Eckkneipe liegt mitten in Berlin, an der Kreuzung Joachimstaler und Lietzenburger Straße. Sieben Jahre lang habe ich dort fast jeden Tag eine Stunde gesessen: das ist eine lange Zeit; in Bockwurst gemessen, sind es mindestens zweihundert Meter, wenn man bedenkt, daß man nicht immer nur Bockwurst essen kann, sondern gelegentlich auch mal zu einer Boulette oder einem Rollmops abschweift oder der Gedanke an die Bockwurst einen auch ohne deren Verzehr satt macht. Zweihundert Meter Bockwurst – eine Durchschnittslänge von fünfzehn Zentimeter unterstellt und eine Jahreszahl von 200 –, das ist eine Menge an Erfahrung.

Dort habe ich zum Beispiel den Aphoristiker kennengelernt, einen Herrn von eher epigrammatischem Umriß, der das Denkste zum Beruf erhoben hat, einen Mann

Engelhardt Biere

von unglaublicher Lust am Wort, einen Kauz mit der Angewohnheit, seine Sätze noch selbst zu denken. Da saß er immer an einem Tisch, später wurde es »unser« Tisch, sprach seinem Bier, lieber noch dem Schnaps, nicht eben einsilbig zu, und ließ eine neue Sentenz laufen, so wie Kinder das neue Auto aufziehen und sehen wollen, ob es auch geht. Das Produkt vieler Nachtstunden sollte an die Öffentlichkeit, sich vor aller Welt – die war ich – bewähren. Das begab sich meist so, daß er einen Zettel aus der Brieftasche zog und zunächst einmal sich vergewisserte, ob er die eigene nächtliche Handschrift auch entziffern kann. Aber noch ehe er vorliest, fragt er mit zaghafter Begierde so merkwürdige Fragen wie: »Würden Sie mir in folgendem recht geben?« oder: »Können Sie sich damit einverstanden erklären?« Er will seinen einsamen Wahrheiten Freunde zuschanzen; er möchte nicht, daß sie allein bleiben im Leben. Hier, am Kneipentisch, geben sie ihr Debüt in der Wirklichkeit. Zum Beispiel »Das Beste an zwei Stühlen ist, daß man zwischen ihnen sitzen kann.« Oder: »Produktive Gespräche über ›Abgründe‹ führen wir nur mit denen, die darin umgekommen sind.« Inzwischen ist er so etwas wie eine Berühmtheit geworden, ein Mann zum Weitersagen: Hans Kudszus.
Die Technik oder die Moral des »Denkste« äußert sich auch in den zahlreichen Sprüchen, die auf Holzteller geschnitzt, in Metall eingraviert oder unter Glas konserviert sind. Was ist es anderes als eine linguistische Fallstrickerei, wenn da auf einmal behauptet wird:

Feste feiern
ist besser als
feste arbeiten.

Das Thema wird häufiger variiert, zum Beispiel mit folgendem Rezept:

Und wenn ich dann Arbeitswut habe,
setze ich mich ganz still in
meine Ecke und warte,
bis der Anfall vorüber ist.

Oder ganz knapp:

Die Arbeit versaut den ganzen Tag.

Das »Denkste« baut sich hier aus zur Lebenskunst der Leistungsverweigerung. Die Blume auf dem Bier wird zum Drückeberg, der Hocker vor der Theke (woanders muß man stehen) zur hohen Warte. Die Eckkneipe bietet den Kürzesturlaub vom Alltag. Sie ist der Zauberberg hier und heut. Sie ist das jederzeit benutzbare Farniente. Hier wird die Illusion, daß man dem Trott entkommen könnte, so konkret und allgemein, daß man ihm wirklich entkommt. In den Eckkneipen vertreibt man sich die Zeit? Denkste. Man gewinnt sie.

Und sei es mit ganz einfachen Überlegungen, zum Beispiel dieser:

Und sitzt du beim Bier,
bleib ruhig dabei.
Die Frau schimpft um 12
genau wie um 2.

Das ist nicht so frauenfeindlich, wie es klingt. Das geht eher gegen jegliche Form des Zeitdrucks. Denn die Eckkneipen sind hohe Schulen jener sophistischen Erkenntnis, daß Zeit das einzige ist, das man gewinnt, indem man es verliert. So wie der Mensch als einziger einen über den Durst trinkt, so kann er auch als einziger einen über den Moment leben. Natürlich empfiehlt es sich, auf die Garderobe zu achten, natürlich darf sich nicht jeder an den Stammtisch setzen (»Gegrüßt der Gast, der zu uns paßt«), aber Zeit gibt es hier gewissermaßen frisch vom Faß. Soviel Zeit wie in einer mittleren Eckkneipe »vergeht« in einem ganzen großen modernen Industriewerk nicht mehr. Hier spürt, riecht, wittert, hier schmeckt man noch Zeit, und sogar das klügste (und daher mit Recht bitterste) unter den Bieren, das Pilsner, nimmt das in Anspruch: Es braucht Zeit.

Wer denkt, die Menschen in einer Eckkneipe seien eingesperrt, im Gehäuse, hat einen Denkste-Gedanken. Umgekehrt ist es. Der Alltag, die Straße, die Kreuzung ist unter Glas, eingerahmt von Routine. Das Draußen wird zu einer großen

Schauvitrine, freigegeben zur lässigen Beobachtung, zum Seitenblick zwischen Grand-Hand und einem eher kleinkarierten Blatt, zum eingegrenzten Panorama zwischen den nicht eben rauchzarten Grünpflanzen und irgendeiner Plastikgardine. Drin sein ist alles, und man hat nur Sinn für die Promenadenmischung aus Wirklichkeit und Unglaublichkeit vor der Tür.

Außer: es kracht. Kracht, kreischt und knirscht. Quietscht, glittscht und zischt. Rumst und bumst und wummst. Außer es gibt wieder mal das Denkste als Blechplastik auf der Kreuzung: der abgerissene Kotflügel: ich dachte, Sie haben schon Gelb. Der eingedrückte Kühler: Aber warum haben Sie denn plötzlich gebremst. Die apart hochgereckte Stoßstange: Wieso verwandeln Sie sich denn plötzlich in einen Linksabbieger? Die auf der Straße zerstreute Windschutzscheibe: Wo dachten Sie denn eigentlich hin? Dann wird die Eckkneipe zum Auditorium, zum Publikum für das Spektakel da draußen; der Unfall als Volkssport. Aber wehe, wenn das Scherbengericht draußen nach drinnen übergreift, wenn Parteiungen sich bilden, Richtungen sich formieren, wenn man auf einmal übereck ist und die ganze Friedfertigkeit sich als ein einziges Denkste erweist.

# Momentaufnahmen

## *Eine Hohenzollern-Hochzeit in der Gedächtniskirche*

Das Jawort der Prinzessin kam so fein und leise, daß man es gar nicht hören konnte. Der Bräutigam hatte mit einiger Wärme die Frage bejaht, ob er, Friedrich August Wilhelm Christian Ernst, Herzog von Oldenburg, diese Marie Cécile Kira Victoria Luise, Prinzessin von Preußen, aus Gottes Hand hinnehmen wolle zur Ehefrau – aber die Braut ließ ihren Entschluß nicht laut werden über den engsten Familienkreis hinaus. Wer bei Hochzeiten auf die Intonierung des »Ja« aus ist, wer solche Willensäußerung auf Festigkeit oder Zaghaftigkeit abzuhorchen gewohnt ist, wer diesen Ausdruck individuellen Temperaments inmitten einer festen Liturgie zu schätzen weiß, der kam am Samstagmittag in der Berliner Kaiser-Wilhelm-Gedächtniskirche nicht auf seine Kosten: Die Prinzessin, kniend nebst dem Herzog auf den Stufen des Altars, sprach sotto voce, nicht für die breitere Öffentlichkeit, der sie damit allerdings eine sanfte Schrecksekunde bescherte, die Bangigkeit des bei so feierlichen Gelegenheiten immer bereiten Zweifels. Aber da war der Domprediger Gerhard Tietze schon zur Hand mit Ringen und der schönen alten Wendung: »... spreche ich euch zusammen in den heiligen christlichen Ehestand.« Und die Orgel ertönte, Horst Wilhelm sang, über einer gewaltig schwellenden Melodie des Brautvaters Louis Ferdinand, Prinz von Preußen, ein »Traugebet« nach Worten von Curt Koschnick (wer immer das ist), und es hob an mit der schönen Bekräftigung: »Herr, in dieser Weihestunde, da sich Herz zum Herzen fand ...«

Mehr als zwei Herzen fanden zusammen in dieser Weihestunde, für die man Einlaßkarten ausgegeben hatte (»Nächster Parkplatz Rankestraße; unmittelbar an der Kircheninsel stehen keine Parkplätze zur Verfügung«). Diese Hochzeit der Tochter des Kaiserenkels fand im Herzen Berlins statt, an seiner verkehrstechnisch empfindlichsten Stelle, aber auch in übertragenem Sinn vollzog sich das Ereignis im Herzen Berlins. Was war da nicht alles herbeigeströmt an Schaulust und Spalier, an Kaisertreue und Sehnsucht nach guter alter Zeit, an Märchengesinnung und Untertanenfreude, an Traditionsbewußtsein und ergebener Neugier! Da standen sie beisammen, die alten Damen und die Gammler, die Illustriertenleser, die erfahren hatten, daß »Deutschlands schönste Prinzessin heiratete«, und die Uraltberliner, die Weihnachtsbummelanten, die vor lauter Andrang nicht mehr weiterkamen, und die Eifrigen, die schon vier Stunden vorher Posten bezogen hatten; da stand auch ein Berliner Leierkastenmann mit einem Instrument aus dem Jahr 1888, das unter anderem ein Ave Maria in petto hatte, da suchten gewitzte Reporter das Gedränge nach Leuten ab, die den Kaiser noch gekannt hatten und nun irgendwas hören lassen sollten wie »War'n netter Mensch«; die jungen Leute, die ausgerechnet beim Einzug des Brautpaars in die Kirche den Refrain »Wir wollen unsern alten Kaiser Wilhelm wiederhaben ...« anstimmten, wurden aber als Provokation begriffen, und da viele Lockenköpfe unter ihnen waren, entlud sich bald der gerechte Volkszorn auf die Störenfriede, und die Polizei sorgte dann wieder einmal für Ordnung, für preußische Ordnung, wie sie ja bei einer Hohenzollern-Hochzeit nicht unangemessen ist.

Sehr genau war auch das Protokoll des Traugottesdienstes festgelegt. Pfarrer Pohl ergriff, kurz bevor der Hochzeitszug eintraf, noch einmal das Wort: Die

Gemeindemitglieder sollten über das helle Licht der Scheinwerfer nicht verärgert sein. Die Herren vom Fernsehen und von den Wochenschauen erinnerte er an die Bedingungen: »Alle Kameras bleiben von der dritten Strophe des Eingangsliedes an außer Betrieb. Erst nach dem Segen ergibt sich wieder die Möglichkeit.« Eifrig notierte die Nachbarin auf der Pressebank, was dem Ereignis Farbe gab. Auf dem Notizblock waren außer Chrysanthemen, Nelken, Alpenveilchen, Lilien (alles weiß) auch Christsterne verzeichnet nebst etlichen Nerzcapes und einem Affenpelz und türkisfarbenen und roten Hüten.

Die Wartezeit reicherte sich an mit respektvoll geflüsterten Informationen. Die Braut sei 23, der Bräutigam 29 Jahre alt, er sei von Beruf Entwicklungshelfer, sie Archäologin. »Die Hohenzollern tun mir leid«, sagte jemand, der sich wohl auskannte, »die tun mir leid mit ihrer ganzen Armheit; das einzige, was ihnen geblieben ist, ist die künstliche Exklusivität.« Von anderer Seite wurde nun aber das Privatflugzeug Louis Ferdinands dagegengehalten; so arm könne doch einer nicht sein, wenn er ein eigenes Flugzeug habe, oder? Schicksalsfragen der Nation. Übrigens habe Louis Ferdinand (genannt »Lulu«) seine Maschine in Bremen stehenlassen müssen, nach Berlin könne er ja nicht damit, wegen der besonderen Bestimmungen im Berlin-Luftverkehr. Und als die Prinzessin Victoria Luise Platz nimmt, kommt die Kunde, sie habe 1913 geheiratet, es sei vor der heutigen die letzte Hohenzollern-Hochzeit in Berlin gewesen, damals habe noch der Zar als Gast dazu gehört.

Die Liturgie wird vom Gemeindepfarrer Pohl geleitet, die Traupredigt hält, auf Wunsch des Brautpaares, Domprediger Tietze aus Bremen. Er geht aus von dem Trautext, den die Hoheiten sich selbst ausgewählt haben, von einem der Sprüche Salomos: »Des Menschen Herz erdenkt sich seinen Weg, aber der Herr allein gibt, daß er fortgehe.« Aber zunächst wirft er einen Blick auf die historische Dimension dieser Hochzeitsfeier; gerade weil er es mit so liebenswert bescheidenen Brautleuten zu tun habe, gezieme sich die Erinnerung daran, daß die Ahnen

der Braut erst Preußen mit seinen unvergänglichen Werken und damit auch Berlin in seiner Bedeutung geschaffen hätten; und nicht von ungefähr trage der Bräutigam den Namen des blühenden Landes Oldenburg. Dann aber ordnet er die weltlichen Leistungen der Salomonischen Weisheit ein, weist darauf hin, daß wir es hier mit Gott zu tun hätten, der mit Gaben und Aufgaben uns betraue. Eine Ehe sehe dann gut aus, wenn man glaube, daß der andere ein Geschenk sei, ein Geschenk Gottes. Auch liege das Leben vor den Brautleuten, die er als junge und moderne Menschen kenne, wie ein Land mit tausend Möglichkeiten.
Viel Freude unter den Leuten, die draußen warten, als endlich das Brautpaar die Kirche verläßt, nach sich ziehend die vier Brautführerinnen, die mit der meterlangen Schleppe des Hochzeitskleides alle Hände voll zu tun haben. Der Leierkastenmann beginnt zu spielen, die Polizei muß sich hart ins Zeug legen, um die Menschen zurückzuhalten. Als der große Wagen sich in Fahrt setzt und die Menschen sich auf die Cafés und Restaurants der Umgebung verteilen, schnellt die sogenannte Hungeruhr an der Gedächtniskirche auf die Ziffer 705 344. Diese Uhr, die im Zuge der kirchlichen Aktion »Brot für die Welt« dort aufgestellt ist, zeigt an, wie viele Menschen in den letzten acht Tagen an Hunger gestorben sind. »Sie hätten nicht zu sterben brauchen«, steht in Blockschrift dabei.

## *Bei Anruf Hilfe*

Dem auf gedämpften Tonfall gestimmten Reporter, der von der ärztlichen Lebensmüdenbetreuung (so heißt das nun mal) in Berlin ein wenig Information einholen will, begegnet der Gründer und Leiter mit fröhlicher Burschikosität. »Bitte entschuldigen Sie die Hosenträger und lassen Sie mich noch den letzten Satz fertigschreiben für meinen Vortrag.« Indessen der Schluß mit wenigen Fingern auf der Schreibmaschine getippt wird, hat der Besucher Zeit, in einem Buch zu lesen, das derselbe Mann, Dr. med. Dr. phil. Klaus Thomas, geschrieben hat. »An einem späten Abend des Jahres 1895«, so beginnt ein Bericht, »verlangte in einem New Yorker Hotel eine Dame dringend einen Pfarrer zu sprechen – aber erst am nächsten Morgen erreichte der Portier den Baptistenpfarrer Harry Warren, der die Frau in einer Blutlache sterbend in ihrem Zimmer vorfand. Sie versicherte ihm noch mehrfach vor ihrem Tode: ›Wären Sie gestern abend hier gewesen, hätte ich mir nicht das Leben genommen.‹ Das Erlebnis dieses vermeidbaren Selbstmordes veranlaßte den Geistlichen, die erste Telefonseelsorge und Lebensmüdenbetreuung zu gründen ...«

Da ist aber die Schreibmaschine schon still geworden, Doktor Thomas im Jackett, die Unterhaltung im Gange. Was man denn wissen wolle? Alles, sozusagen. Der Besucher hat von Lebensmüdigkeit keine Ahnung. Der gesamte Komplex ist ihm fremd. Es erweist sich, daß mit dem Beginn dieses Jahrhunderts eine ganze Selbstmordwissenschaft entstanden ist, zugleich mit der Bemühung um rechtzeitige Hilfe. Thomas selbst hat ein *»Handbuch der Selbstmordverhütung«* geschrieben, das auf der Behandlung der ersten dreitausend Patienten in West-Berlin basiert. »Ringel in Wien«, berichtet er nun, »hat festgestellt, daß nur ein Drittel aller ersten Selbstmordversuche zum Tode führt, aber beim zweiten Versuch sind mehr als zwei Drittel tödlich.«

Die Berliner Gründung geschah nicht von ungefähr. West-Berlin ist die Stadt mit der höchsten Selbstmordziffer in der Welt. Der Arzt holt aus seiner Mappe ein Diagramm, eine graphische Darstellung der Motive; verzeichnet sind aber die, die ihn besucht und nicht »ernst« gemacht haben. »Hier sehen Sie unsere drei großen Säulen: Liebe, Ehe, Sexualität. Wenn Sie die addieren, weil es ja eigentlich immer derselbe Konflikt ist, dann kann man sagen: sie machen mehr als die Hälfte aller Fälle aus.« Welcher Art denn die Konflikte seien? Unter sechstausend Patienten seien 1200 Frauen gewesen, die von ihren Männern betrogen wurden, und nur achtzig Männer mit der umgekehrten Beschwerde.

Das Telefon klingelt. Der Arzt hebt ab, ist sichtbar ganz Ohr, beginnt mit fast hypnotischer Herzlichkeit. Natürlich, wenn es dringend sei, jederzeit. Ja, er erinnere sich dunkel. Ob sie denn die Tabletten nicht genommen habe? Jetzt kommt eine gewisse Strenge ins Telefonat, inzwischen hat auch Frau Thomas ihm die Akte gereicht, er sagt: »Ja, jetzt erinnere ich mich, jetzt steht mir ihr Fall ganz deutlich vor Augen. Sie sollten doch nach einer Woche wiederkommen. Und wenn Ihnen die Tabletten nicht bekommen, sollten Sie mich anrufen. Ach, Sie wissen nicht mehr, wo die Tabletten sind? Wissen Sie, daß das Präparat, das ich Ihnen mitgegeben habe, vierzig bis fünfzig Mark kostet? Passen Sie auf, ich mache Ihnen einen Vorschlag: Jetzt suchen Sie erst mal die Pillen und schlucken sie brav, und dann sehen wir uns nächste Woche.« Er hängt den Hörer auf. »So ein Herzchen«, sagt er seufzend. Dies ist kein schwerer Fall.
Für die Berliner Stelle (es ist nicht die einzige in West-Berlin) gilt, daß ärztliche Hilfe an erster Stelle steht. Dann kommt die psychologische Beratung, vor allem in sexuellen Fragen. Schuldsprüche sind verpönt, weil sie den Selbstmord fördern, statt ihn zu verhindern. Und erst, wenn medizinische und psychologische Hilfe geleistet ist, tritt kirchliche Seelsorge in ihre Rechte ein. »Wir fangen niemals mit einem frommen Wort von uns aus an«, sagt Thomas. »Aber wenn wir gefragt werden, was hat das Leben für einen Sinn, dann müssen wir schon darauf antworten.«
Unsereiner, der nicht zu fragen wagte, kennt den Sinn des Lebens bis heute nicht.

## *Die letzte Straßenbahn in West-Berlin*

Also los. 15 Uhr ab Bahnhof Zoo, Richtung Hakenfelde. Unsere Straßenbahn hat die Liniennummer 55, der Waggon trägt die Zahl 3587. Man steigt in der Mitte ein; Eingeweihte kennen auch eine Tür gleich beim Fahrer, mit dem sie aber wäh-

rend der Fahrt nicht sprechen sollen. Die Schaffnerin ist eine freundliche ältere Dame mit grauem Haar; das Fahrzeug scheint für sie eine Art Lebensgefährt. Unser Ziel heißt Endstation. Es kostet 40 Pfennig. Der Fahrschein hat die Nummer 032599, ist gedruckt worden von Heinrich Fasbender aus Berlin 61, gültig für eine Fahrt, und die genaue Lektüre ergibt, daß unsere Beförderung »lt. Beförderungsbeding./Tarifbest.« vor sich gehen werde. Dem Fahrscheinstudium entnehmen wir weiterhin, daß der Straßenbahnwagen von der BVG in der Potsdamer Straße betrieben wird, aber wir wissen längst, daß es nur noch zwei Tage lang sein wird, und daß am 2. Oktober auch die letzte West-Berliner Straßenbahn, eben die hier in Rede stehende (aber gleich abfahrende) 55, aus dem Gleis geworfen wird. Eben weil die 55 nicht mehr fährt, fahren wir mit ihr.
Sie läßt sich zwar nicht auf Intimitäten ein, aber sie bietet uns ein Du an. »Springe nicht ab während der Fahrt. Du bringst dich in Gefahr und gefährdest andere.« Die Schaffnerin benutzt nun den Ledergürtel zum Abklingeln, der 3587 setzt sich in Bewegung. Eine Frau sagt zu ihrem heranwachsenden Sohn: »Von vorn hättste die Elektrische knipsen müssen.« Die Berliner nennen Straßenbahnen immer noch »Elektrische«, obwohl es doch längst auch elektrische U-Bahnen, S-Bahnen gibt, und eine hübsche Flugzeugelektronik dazu. Es gibt kein anderes Mittel, den Berlinern die »Elektrische« aus dem Mund zu nehmen, als sie einzustellen.
Am Ernst-Reuter-Platz artikuliert unser Waggon zum erstenmal Abschiedsschmerz. Laut kreischt er auf, es geht in die Kurve zur Otto-Suhr-Allee, die macht er relativ geräuschlos ab. Bei der Brücke über den Landwehr-Kanal, noch mitten in Charlottenburg, fängt Landschaft an. Der erste Obstkorb, wenn auch bedeckt (Pflaumen, Birnen, Äpfel?), wird eingebracht. Der in Papier eingewickelte hagere Blumenstrauß vom Bahnhof Zoo (Nelken, Fresien, Margeriten?) steigt aus. Das Durchschnittsalter der Fahrgäste erhöht sich durch die seufzende Niederlassung etlicher alter Damen. Wir treten indes einer Mitteilung über Beförderungsbestimmungen näher: »Ab Sonntag, den 1. Oktober, werden im Linienverkehr des

Oberflächenverkehrs folgende Änderungen durchgeführt: Einstellung der letzten Straßenbahnlinie 55 zwischen Spandau-Hakenfelde und Hardenbergplatz–Zoologischer Garten.« Als Ersatz wird eine »Autobus-Einmann-Linie mit der Linienbezeichnung 55 und gleicher Wegführung in Betrieb genommen«.
Um halb vier erreichen wir die ersten Schrebergärten. Extrem rote Äpfel, extrem gelbe Kürbisse, extrem fleißige Berliner. Am Haselhorster Damm geschieht die erste Notbremsung. Die Fahrgäste geraten aneinander. Die Köpfe der alten Damen stecken noch enger zusammen. Eine Mutter, hochroten Gesichts, holt ihren kleinen Sohn und sein Kinderfahrrad von den Straßenbahngleisen. Der Straßenbahnführer hält noch eine halbe Minute und wartet etwaige Erziehungsmaßnahmen ab. Die erleichterte Mutter tritt mit einer Ohrfeige in Aktion. Gerührt lächeln sich die alten Damen zu.
Am Falkenseer Platz ist man schon mitten in Spandau. Neue Kundschaft. Nahverkehr. Viel raus und rein auf der Plattform mit den 18 Stehplätzen. Auftritt einer bemerkenswerten Familie. Eine junge Frau, bißchen mollig, sehr für sich. Der Mann dazu das Gegenteil. Hager, nervös, die Familie hängt sichtbar an ihm: zwei kleine Kinder mit karierten Blusen und grauen Röcken. Außerdem trägt er einen Schnurrbart, einen Stock, eine Kleidertüte und eine Einkaufstasche. Er humpelt. Sie setzt sich ganz allein hin. An der Schäferstraße, kurz vor dem Ende der Fahrt, steigen sie wieder aus. Haben Sie alle, fragt die Schaffnerin den Mann. Er sagt: Ja doch. Auch die Frau ist ausgestiegen.
Endstation. Hakenfelde. Die alten Damen, denen wir einen Friedhofsbesuch oder ein Kaffeekränzchen, oder die Heimkehr von einer Pensionsangelegenheit angesehen hatten, stellen die Frage: Können wir gleich sitzen bleiben? Sie haben eine Spazierfahrt gemacht, eine Erinnerungstour, eine Retourkutsche in die Vergangenheit. Wissen Sie noch, 1903, als die erste 55 fuhr? War es nicht der erste Februar? Ja, zwischen Rixdorf und Germaniapromenade. Ach Gott ja, und der Kaiser wollte sie nicht fahren lassen Unter den Linden.

Der Straßenbahnführer, den wir an der Endstation sprechen, sagt zuerst: »Wozu wollen Sie denn meinen Namen wissen?« Nach fünf Minuten heißt er aber Erich Schuster, ist 62 Jahre alt und voller Trauer. »Mensch, 21 Jahre mach ick det nun, und die drei Jahre wär ick noch jern jefahrn. Aber't hat nich sollen sein. Die Autofahrer ham uns vadrängt, wat die sich so erlauben auf unsere Schienen.« Herr Schuster wird seine letzten Dienstjahre im Untergrund arbeiten, auf dem U-Bahnhof Krumme Lanke, als Zugabfertiger. »Die schöne Strecke raus nach Spandau, es ist jammerschade. Wissen Sie, daß es Spandau schon gab, wie an Berlin noch jar nicht zu denken war?«

# Ostkreuz – Westkreuz

O Berlin, du Nessel am Kreuzweg des Ostens,<br>
Dorre an deinem Staube bröckle Vergessenheit.<br>
*Ivan Goll*

Die Stadt, die es nicht gibt, gibt es gleich zweimal. Die Fiktion zerfällt auch noch, und zwar in zwei Hälften. Das Berlin, von dem immer nur die Rede ist, wird noch dazu zerredet in

Ostberlin

und

West-Berlin.

Kann man wagen, daraus zu folgern, daß es auch zwei Arten des Berliners gibt, den Ostberliner und den West-Berliner? Haben fünfundzwanzig Jahre des Nebeneinanderlebens, des deutschen Dividiertseins auch zu zwei verschiedenen Typen des Berliners geführt? Ist es mehr als eine Pointe, den verwegenen Menschenschlag jetzt auch schon in zwei Sorten von Verwegenheit zu unterteilen? Sehen Ostberliner anders aus als West-Berliner? Nur vielleicht deshalb, weil bei diesen der Bindestrich sich eingebürgert hat, bei jenen dagegen die enge verbale Bindung an das Ost? Kann man einem Menschen schon ansehen, ob er da oder dort zuhaus ist? Haben die Ostberliner ein anderes Gebaren als die Leute in West-Berlin? Spielt man die einen gegen die anderen aus, indem man sie separat beschreibt? Sprechen sie noch dieselbe Sprache – dasselbe Berlinisch? Sind vor Gott eigentlich auch Ostberliner und West-Berliner gleich?

Hört man in irgendwelchen südlichen Gegenden berlinischen Dialekt, erlebt man, wie in irgendeinem sizilianischen Nest ein Deutscher auf einen italienischen Hotelpagen mit einer Karte zugeht und ihn fragt: »Wann wird'n hier jeleert?« dann kann man mit ziemlicher Sicherheit davon ausgehen, daß es sich um einen West-Berliner handelt. Hört man in einem bulgarischen Badeort berlinischen Dialekt, so muß man schon die Betreffenden fragen, wenn man wissen will, ob sie in West oder Ost bezahlen. Begegnet ein Berliner in Deutschland dagegen der Frage, ob er aus Ost- oder West-Berlin kommt, so weiß er, daß er in Bayern ist. Die Frage danach, wo einer her ist, sagt auch viel über den Ort, wo sie gestellt wird. Mit mancher Gegend ist es, was Menschen-, Orts- und Zeitkenntnis angeht, nicht weit her.

Früher einmal, sagen wir in den fünfziger Jahren, konnte man den West-Berliner vom Ostberliner schon am Schlips unterscheiden; erstens daran, daß der West-Berliner meist einen trug, mehr aber noch an dem wilden westlichen Muster (das hat viele Metamorphosen erlebt, blieb aber immer westlich); während der Ostberliner tagsüber eher krawattenlos blieb und abends im Theater den Silbernen anlegte, das Signal einer neuen sozialistischen Bürgerlichkeit. Aber eines Tages war es anders: Der kühne Schlips verriet den lebenslustigen Ostberliner, der proletarische Rollkragenpullover oder das unverzierte Mehrtagshemd deutete auf einen unbekümmerten West-Stadt-Bewohner. Aber auch diese Entwicklung ist im Laufe der letzten Zeit so rasch hin und her gegangen, daß man kaum wird eruieren können, ob einer schon wieder oder immer noch oder nun erst recht einen Schlips trägt, und ob er ihn gerade anhat, weil es im Westen oder im Osten Mode ist, oder weil er die Mode bei sich gerade überwunden und sich zur Solidarität mit den andern entschlossen hat. Oder vielleicht hat er einfach, ob Ost und West, seinen Kopf für sich, und auch den Kragen.

Nein, Schlipse taugen nicht. Bei dem Geschmack deutscher Männer schon gar nicht.

Lange Zeit unterschieden sie sich nicht. Nicht auf den Trittbrettern der Hamsterzüge, die Richtung Mecklenburg oder Altmark abgingen; wo jeder sich ein Herz und sonst eine Habseligkeit gefaßt hatte und nun versuchte, »beim Bauern« was zu organisieren; nicht in dieser qualvollen Enge der Abteile, in der die Kartoffel zu einer Art Globus, zur Weltkugel wurde und die Solidarität des Hungers merkwürdige Formen der Reizbarkeit zeitigte. Da war es ziemlich einerlei, aus welchem Sektor einer kam (aber es kam nie bloß einer, es war immer eine Riesenmenge), da las man auch Zeitungen noch querbeet, die *›Tägliche Rundschau‹* war auch an den westlichen Kiosken zu kaufen, und im Schöneberger Rathaus wurde *»Gräfin Maritza«* gespielt wie draußen in Lichtenberg *»Land des Lächelns«*. Überlebende, Davongekommene, Neugierige, die keinen großen Anlaß hatten, Ruin und Ruinen nun auch noch in Ost und West auseinanderzudividieren.
Der West-Berliner begann sich während der Berliner Blockade abzuzeichnen, in einer Zeit der Trockenmilch und des Maisbrotes, der Stromsperren und des notdürftigen Hindenburglichts, der pausenlos eindröhnenden Skymaster-Maschinen, in der Zeit der auf Jeeps herumfahrenden Nachrichtensprecher, in der Zeit einer politischen, versorgungstechnischen Pression, der nur die Westsektoren ausgesetzt waren. Die von diesen Pressionen Betroffenen standen auf einmal als West-Berliner da, als eine Art Frontstädter (eine Mentalität, die dann allzu lange karessiert worden ist und sich erst in Etappen abgebaut hat); mit dem Gefühl der Gefährdung entstand auch das Gefühl des Trotzes, und Günter Neumann dichtete dem frischgebackenen West-Berliner die populäre Gelassenheit an: *»Der Insulaner verliert die Ruhe nicht ...«*
Das Insulaner-Gefühl blieb des West-Berliners deutlichstes Charakteristikum, das klassische Berliner Wort »Uns kann keener« reicherte sich mit politischem Trotz an. Dabei stellte sich in der Tat so etwas wie eine besondere psychologische Einheit West-Berlin her, eine Abgrenzung nicht nur gegenüber dem Ostteil, sondern auch eine Distanz zum deutschen Westen, so daß man in West-Berlin nie

genau weiß, wie es einer meint, der von »drüben« spricht: Das kann ebenso gut Leipzig sein wie Düsseldorf, Potsdam oder auch Darmstadt. Dieses Besondere West-Berlins hat noch zu Beginn der siebziger Jahre der junge schwedische Schriftsteller Lars Gustafsson bemerkt und polemisch beschrieben:

»Zwei Länder können sich nicht mehr voneinander unterscheiden als das narbige, das kluge Berlin mit seinem lebhaften, scharfen Intellekt, mit seinen revolutionären Gruppen, marxistischen Kinderläden, mit seinen blauen, roten, weißen Pamphleten, seinen Straßencafés und Buchhandlungen, Berlin, diese geheimnisvolle Schmiede zukünftiger Kräfte, eingesperrt hinter hohen Mauern und Minengürteln inmitten einer feindseligen, lehmgrauen Militärdiktatur mit endlosen Kartoffeläckern, dieses Berlin, das alles weiß, alles erfahren und seit langem seinen Zustand akzeptiert hat, und die dumme, geldstrotzende Bundesrepublik mit ihren Supermärkten, ihren transportablen Fernsehgeräten und ihren knarrenden Prachtmöbeln, schweren Teppichen, gläsernen Tischplatten und Sesseln aus schwarzem Leder und Stahlrohr.«

Zur Insel gehört der Inselkoller, und daß es einen Berlin-Koller geben kann, versteht sich von selbst. Meist ist es aber eine hypochondrische Krankheit, die von Ortsfremden unterstellt wird: »Ja, kommt man sich denn da nicht eingesperrt vor?« Oder: »Ich würde da keine Luft kriegen, wenn ich dran denke, daß man nicht mal rauskann.« Oder: »Furchtbar der Gedanke, immerzu an eine Grenze zu kommen.« Wer das sagt, hat keine Ahnung von den grandiosen Dimensionen der Weststadt, keine Ahnung von der immensen Dörflichkeit, zu der sich etwa Lübars oder Heiligensee verstehen, keine Ahnung davon, daß das j. w. d., das Janz-weit-draußen auch innerhalb der Grenzen West-Berlins zu erleben ist und war.

Spürbar war für den West-Berliner in den fünfziger Jahren immer der politische Druck, die Tatsache, daß die drei westlichen Sektoren immer auch Anlaß zu weltberühmten Berlin-Fragen gaben, und dadurch hat sich die Haltung des West-

Berliners über viele Jahre hinweg geprägt. Denn das paßt natürlich zum Pioniergeist des Berliners überhaupt, auch zu seinem Imponiergeist, daß er auf einmal im Brennpunkt des globalen Interesses steht, daß er auf einmal Schlagzeilen macht von Moskau bis Washington, daß man von ihm redet und von ihm weiß, und daß er sogar ein bißchen mitredet. »Ihr Völker der Welt, schaut auf diese Stadt«, hatte Ernst Reuter in den bedrängten Tagen der Luftbrücke ausgerufen, und als einer, der sich sehen lassen kann, hat sich in der Folge der West-Berliner gern verstanden. Dabei aber meist mit der Geste des Herunterspielens, des Nicht-Dramatischen. Ein Witz aus den Augusttagen 1961: Ein Mann kommt auf dem Flughafen Tempelhof an, steigt in ein Taxi und sagt: »Na, da zittert ihr wohl ganz schön jetzt in Berlin, was?«, worauf der Fahrer erklärt: »Das können Sie wohl glauben, wo es noch gar nicht sicher ist, ob Tasmania am Sonntag gewinnt.« (Für ganz Uneingeweihte: Tasmania ist eine Berliner Fußballmannschaft.)
Aber den West-Berliner in Reinkultur gab es in den fünfziger Jahren noch kaum: Er war durch Kaffeekränzchen, Stammtischrunden, durch Arbeit oder Schrebergarten, durch Verwandtschaft und Liebe, er war durch die vielfältigsten alltäglichen Motive mit den Ostberlinern verbunden. Als in den Schlagzeilen und Reportagen, in den weltpolitischen Konferenzen schon von der »geteilten Stadt« die Rede war, gab es noch das große, tägliche Hin und Her; da paddelte der junge Mann aus West-Berlin noch lieber im Müggelsee als im Wannsee; da waren die Autowerkstätten im Westen noch auf dem Damm durch die Pendler aus dem Osten; da ernteten die Laubenpieper aus Charlottenburg noch ihre Bohnen und Erbsen auf den kleinen Schrebergärten in Köpenick, da buk der Bäcker aus dem östlichen Treptow noch seine Brötchen für die westlichen Neuköllner. Und die Neuköllner Geschäftsleute auf der Karl-Marx-Straße ebenso wie die auf der Badstraße im Wedding machten das Geschäft mit den Kunden, die zu Tausenden aus Ostberlin kamen und hier, in den preiswertesten Gegenden West-Berlins, einkauften, was sie »zuhaus« nicht oder nur schwer bekamen.

*Zwischenbericht: Karl-Marx-Straße 1960*

Einen ganzen Häuserblock weit riecht es nach Kaffee, nach frisch geröstetem, der in Probetassen ausgeschenkt wird. Etwa zehn Kaffeegeschäfte gibt es hier auf einer Ladenfront von dreihundert Metern, meist neue, messingglänzende, resopalgefütterte Probierstuben. Sie machen das Geschäft mit den Leuten aus Ostberlin; die brauchen nicht zur Wechselstube am Bahnhof oder an der Kirchhofstraße; fast überall in der Karl-Marx-Straße wird Ostgeld, zum Tageskurs, in Zahlung genommen. Die Verkäuferinnen haben die Preise in beiden Währungen im Kopf, meist kommen die billigen Kaffeesorten in Frage. Es wird genau kalkuliert, bei den Geschäftsleuten und bei den Kunden, auch wenn sie in Neukölln wohnen. Gerade die Kleine-Leute-Ökonomie, hier seit Jahrzehnten Tradition, genießt in Neukölln das Vertrauen der Käufer aus dem Osten.

Wo der Mann auf der Karl-Marx-Straße zu Hause ist, ob im Osten oder im Westen, kann man nicht so leicht entscheiden. Die Schiebermütze kann ebenso gut zum Neuköllner Arbeiter gehören wie zu den Leuten aus Ostberlin, die sie später, bei der doch immer auch kontrollbedrohten Rückfahrt, als sozialistische Tarnkappe benutzen. Ist das Rentnerehepaar – adrette, saubere, schon ein wenig klapprige Leute, die im Kaffeegeschäft ein Pfund kaufen – hüben oder drüben daheim? Die sind von hier, denkt man, aber dann bestellen sie sich zwei Tassen und trinken im Stehen. Warum diese Unbequemlichkeit?

Hier in der Straße besteht auch so etwas wie eine deutsche Einheit, hier sieht man sich noch ähnlich: Großstadtblässe, grobkarierte Jacketts und ein Zug von Sparsamkeit um den Mund.

Die Petticoats, vor einer Verkaufsbude aufgehängt, sind Attraktion für junge Leute. »Such dir mal einen schönen aus«, sagt der Kavalier zu dem kichernden jungen Mädchen neben sich, zahlt dann in Ost.

Auch der Ramsch wird mit einer Spur von Pathos gekauft, als grelle bunte Fähnchen der Freiheit, die man sich im Westen herausnehmen kann. Vor allem aber sind Schuhe begehrt. Die großen Berliner Schuhgeschäfte haben auf der Karl-Marx-Straße geräumige Filialen. Das Packpapier ist ohne Aufdruck; die Läden sind auf die Ostkundschaft eingerichtet: Denn jeder Kauf in West-Berlin ist nach der Terminologie Ostberlins ein Wirtschaftsvergehen. Bei der Rückfahrt werden Stichproben gemacht. Und es kommen Fälle vor wie dieser: Eine junge Frau mit Kind geht in den Ostsektor zurück; der Volkspolizist an der Sektorengrenze verlangt den Ausweis. Plötzlich sagt der Junge: »Sieh mal, Onkel, meine neuen Schuhe!« Und da muß er sie ausziehen. (Ende des Zwischenberichts.)

Kann man die Geburtsstunde des West-Berliners ziemlich genau auf die Zeit der Blockade datieren, so hat der Ostberliner sich sehr viel langsamer und zögernder ausgeprägt. Hat der West-Berliner in den fünfziger Jahren sich relativ plötzlich als Freiheitsstatue empfunden, als schiere Verkörperung des Westens, als ein Teil jenes Amerika, das es besser hat, so gibt es dazu kaum eine Analogie im Osten der Stadt. Der Ostberliner, so kann man sagen, ist deutscher, märkischer, ist viel berlinerischer geblieben (wenn er Ostberliner geblieben ist); das merkt man an der Sprache, die eben nicht die Aufgesetztheit des Westberliner Idioms hat, nicht jene vom Kabarett hochgeputschte Forschheit, nicht jene antrainierte Schlagfertigkeit, die auch das Mundwerk dem Leistungszwang unterwirft; das merkt man an einer Sprache, die die Ruhe des idiomatischen Hinterlands noch hat, der noch neues Timbre und Temperament zuwächst, und die Gelegenheit hat, ihre Gewitztheit wieder einmal aufzupolieren anhand einer Gesellschaft, die ein wichtiges Merkmal jeglicher Gesellschaft besonders kultiviert: die Geschlossenheit. Der Berliner Witz ist hier viel mehr zu Haus als im Westen der Stadt, und da der Marxismus Realitätssinn mit Denklust verbündet, kommt er gelegentlich in Witzen, mit denen man sich über die Perpetuierung des preußisch-deutschen Verwaltungsdrachens auch im Sozialismus Luft macht, am bündigsten zum Aus-

druck: Ein Jude kommt zu einem Moskauer Auswandererbüro. Der Funktionär dort begrüßt ihn überschwenglich. Mosche, sagt er, endlich ist es soweit, du kannst nach Israel. Mosche sieht ihn nachdenklich an, schüttelt den Kopf, sagt endlich: »Ich hab' mir's überlegt, ich will nicht weg.« Der Funktionär ist außer sich: »Nach all den Umständen, nach all dem Papierkrieg, und wie du immer gefleht hast! Was ist denn bloß in dich gefahren?« Darauf Mosche: »Ein Land, was man kann verlassen, da kann man auch bleiben.«
Oder besser noch Gespräche. Wo sonst gibt es solche Gesprächslust, solche Disputiergier, diese Wortseligkeit, als in Ostberlin. Wenn man Glück hat, geht es um deutsche Fragen.
Nicht, was Sie denken. Nur die grammatische Frage, aufgeworfen durch den Zehnjährigen, der beileibe nicht beteiligt war, sondern, wie er später von seiner Mutter zu bekennen genötigt wurde, gerade einen Klassenkameraden deshalb verprügelte, weil der an irgendeinem Mietshaus die Klingeln betätigt und das berühmte Weite gesucht hatte, um so seinen Mitschüler dem gesammelten Zorn der Mieter preiszugeben ... ; nämlich die Frage, ob es unter den grammatischen Zeiten auch die einer »vollendeten Gegenwart« gebe. Sie habe ihrem Sohn zu dieser Formel geraten, und die Schule habe nichts Gegenteiliges dazu bemerkt. Vollendete Gegenwart? Nein, Verehrte, bei allem Respekt. Das gibt es wirklich nicht. Ja, vielleicht bei euch im Westen, da gibt's ja nicht mal eine ordentliche Gegenwart, geschweige denn die vollendete, ihr müßt ja erst noch die Vergangenheit ... Ja eben, das ist das Stichwort, vollendete Gegenwart ist nichts anderes als Vergangenheit. An vollendeten Tempora bieten sich an: vollendete Vergangenheit, vollendete Zukunft. Der aufgebaute Kommunismus, oder wie? Zum Beispiel Beckett: »Dies werden glückliche Tage gewesen sein.« Sie besteht auf der vollendeten Gegenwart: »Ich habe geliebt.«
Sie sieht sich triumphierend um, erstaunlich großer Blick in den kleinen Augen (die zwischen Stirn und kräftigen Backenknochen gleichsam eingeklemmt sind

und durch Intensität ersetzen müssen, was ihnen an Spielraum fehlt), nimmt Sprachlosigkeit für Schweigen, setzt hinzu: »Ich liebe. Gegenwart. Ich habe geliebt. Vollendete Gegenwart. Ich werde geliebt. Zukunft.« Um Gottes willen, jetzt keinen Ionesco. Ich werde geliebt ist nicht Zukunft, sondern das Passiv der Gegenwart, zu deutsch Leideform. Jetzt lacht sie laut auf, Triumph nun auch in der Stimme: »Bitte, da weiß ich Bescheid. Geliebt werden, das ist doch keine Leideform. Da leidet doch höchstens der andere. Wenn das Grammatik ist, danke ich.« Aber geliebt werden, da verhält man sich doch passiv. Der Triumph wird größer. »Passiv? Eine Ahnung, da wird man unleidlich, unausstehlich, terroristisch, wer weniger liebt, ist der Mächtigere, und diese Macht wird ausgespielt. Also, wie ist es nun mit der vollendeten Gegenwart?« Ich bleibe da fest, die anderen (dies ist kein Tête-à-tête) haben sich längst ins Achselzucken verkrümelt; jetzt die große Unsicherheit. Warum wird Grammatik immer mit dem Verbum lieben probiert. Amo, amas, amat, amamus, amatis, amant. Ich habe geliebt ist so wenig vollendete Gegenwart wie vollendete Vergangenheit, wieso soll als Perfekt zu bezeichnen sein, was gerade nicht mehr perfekt ist; gibt es eine Vokabel, die überhaupt Vergangenheit so außer Kraft setzt wie diese? Er liebte, das gibt's doch nur im Märchen, er hatte geliebt, für die Geschichte der Minnesänger, aber: er hat geliebt? Da fängt einer erst an zu spüren, wie er liebt, da ist nichts vollendet, weder Vergangenheit noch Gegenwart, schon gar nicht die Liebe. Jetzt das Telefon, der berühmte Autor, der Dramaturg. Für den Abend wird der Linguist erwartet. Da ist aber meine Gegenwart in diesem Stadt-Land schon vollendet. Fürs erste vorbei.

Späte Lehre: Für Grammatiker gibt es die vollendete Gegenwart. Aber wer will schon in der leben?

Die richtige, die nicht vollendete, sondern fortwährende Gegenwart sieht denkwürdig aus: man sollte sie behutsam besichtigen und sich verhalten wie vor Kostbarkeiten: bitte die Gegenstände nicht berühren. Man muß ihnen Zeit lassen, dem West-Berliner und dem Ostberliner, sich wieder mehr aneinander zu gewöhnen nach mehr als einem Jahrzehnt der Distanz. Der Ostberliner steht ja inzwischen ganz anders da, als der West-Berliner ihn in Erinnerung hatte: Er ist inzwischen zum Hauptstädter der Republik avanciert, wenn nicht gar zum neuen sozialistischen Menschen; der wartet mit opulenten Festen auf, wenn Besuch kommt, und es gibt Tage, an denen man einen Stolz spürt darüber, daß sich so mancher politische Strauß hier erübrigt. Aber auch der West-Berliner ist jetzt viel intelligenterer Besuch als noch vor zehn Jahren bei der Passierscheinaktion; er hat ein paar Dinge, gerade auf sozialem Gebiet, respektieren gelernt, er hat, nicht zuletzt durch die kritischen Studenten, etwas Nachhilfe in Sachen Marxismus und Sozialismus bekommen und kann, wenn die Sprache auf Politik kommt, endlich vernünftig mitreden. Er tut es nicht mehr als Besserwisser, er tut es als einer, der sich auch so seine Gedanken macht.

Die Ehrlichkeit gebietet, daß man auch den Wegdenker erwähnt, eine Sonderspezies des Berliners in Ost und West. Der Wegdenker ist einer, der es sich leichtmacht, eine Art Zellteiler, der schon immer deshalb weil ein anderer nicht erreichbar ist, ihn nicht mehr wahrnimmt oder falsch sieht. Der klassische Wegdenker unter den West-Berlinern war der »Ost-Otto«. Der Ost-Otto tauchte zuerst in den Kabaretts auf und wanderte von da aus an die Stammtische und in die Familienzirkel, in die Boote auf dem Wannsee und auch in manche Versammlungen weiter; er war gar keine Figur, sondern nur eine Chiffre für eine Spotthaltung, die schon einen Triumph zu feiern glaubte, wenn sie von »Pankow« sprach. »Die berühmte Ostklamotte, die Jungfrau von Köpenick, der Schlamassel in der LPG«, so hat es vor kurzem Wolfgang Gruner gesagt, haben ausgespielt, sie sind uninteressant geworden. Daß der Ost-Otto ganz tot sei, kann man leider nicht behaupten; aber er macht nicht mehr viel von sich reden.

Der Wegdenker in Ostberlin ist verbreiteter und gleichsam in offiziellem Gedankengang untergebracht. Der Wegdenker drüben grenzt sich ab; er tut es nicht aus bösem Willen, aber er bekommt darüber oft den bösen Blick, wie zum Beispiel diese Passage aus dem Gedicht *»Osterspaziergänger 68«* von Jo Schulz beweist:

I

Gerüstet wie für
    eine Mondexpedition
        betreten sie unsere Stadt.
Gezwängt in die
    gläsernen Glocken des Vorurteils
        wandeln sie unangefochten.
Hermetisch verschlossen
    in Panzerglashüllen
        hält sich die Skepsis im Rahmen.
Herzlich willkommen!
Wer zählt sie, die
    ihrem Glasgefängnis entkamen.

II

Sie haben die Gitter mitgebracht
        und woll'n Zoologischer Garten spiel'n,
    singen das alte Lied:
        Hat zwei Beine wie wir
        zwei Augen wie wir
        zwei Ohren wie wir
        und ist doch nicht wie wir ...
    Mich woll'n sie fangen?
        Mir ist nicht nach Käfig.

… IV
Der Porsche sitzt angegossen.
Die Frau paßt zum Polster.
Der Pudel zum Halsband.
Der Kopf in die Stütze
aus Leder, versteht sich.
Alles nach Maß
nach dem Maß der Mittel –
Mittelmaß.

Der Wegdenker als Wegdichter. Als Abschreiber. Als Abtuer.

Szene 1973: Interzonenzug Berlin-Stadtbahn–Hamburg, Kurswagen nach Dagebüll. Interzonenzüge sind ja ein sprachliches Relikt aus der Zeit, da es überall Zonen gab in Deutschland; als es die Bizone und die Trizone und sogar einen munteren Karnevalsschlager gab mit dem Titel: *»Wir sind die Eingeborenen von Trizonesien«*, und als es noch den Interzonenpaß gab, wenn man ihn bekam. Aber immer noch verkehren Interzonenzüge zwischen den Zonen, die es nicht mehr gibt – und da sitzen auch West- und Ostberliner durcheinander. Und es ergeben sich nicht selten Dialoge wie der folgende:
Ein älteres Ehepaar im Gespräch mit einem anderen älteren Ehepaar, bei der Abfahrt vom Bahnhof Zoo.
Also, das wär mal wieder geschafft.
Daß man sich die Aufregung gar nicht abgewöhnen kann.
Ja, aber auch der Ärger mit der Platzkarte.
Denken Sie, wir haben gar keine mehr gekriegt.
Dabei isset nich mal voll.
Die haben sich aber auch mit ihre Orjanisation.

Det können wir in Berlin, ja?
Na, ham wa schließlich von den Preußen jelernt.
Aber jründlich.
Die können det fast noch besser. Lassen einen da aufm Perron rumstehen, und denn auf einmal muß es hullerdibuller gehen. Lassen Se mal jut sein, dafür sind wa jetzt auch ne Stunde schneller.
Aber denken Se mal, früher: drei Stunden bis Hamburg.
Ach wissen Se, früher, ick finde immer, det kann man ja nicht vajleichen.
Und denn hätten wa beinah keen Taxi jekriegt. Det ist immer so'ne Malesse.
Keener will mehr wat tun. Det is et doch.
Aber dafür wird immer allet teurer.
Genau. Da reden se groß, die Preise solln stabil bleim, aber Pustekuchen.
Bei uns auch. Überall dasselbe.
Moment mal. Sie sind doch Friedrichstraße einjestiegen. Ick meine im Osten.
Ja doch. – Na und Sie sind doch erst Zoo reinjekommen, wie er in West-Berlin jehalten hat.
Na ja, aber wir warn in falschen Waggon, und saßen wir auf de falschen Plätze.
Da sind wir noch mal rausjeklettert. Nu sagen Se bloß, Sie sind ausm Osten.
Ei jewiß doch, seit ur und ewig Friedrichshainer.
Und ick dachte, Sie sind auch ausm Westen.
Wieso auch? Sie ham doch schon hier drinjesessen.
Na, wir ham doch jesagt, wegen de Platzkarten, weil wir nämlich keene mehr jekriegt haben, sind wir nach Friedrichstraße jefahren, wo er einjesetzt wird.
Un ick hab jedacht, Sie sind von uns.
Un ick ooch.
Aber stimmen tut et mit de Preise.
Da sind wir uns wieder mal einig.

# Die Endmoräne des Zweiten Weltkriegs

Tableau: Spitzenblusen, darunter üppige Busen mit leicht schon geriffelter Haut, blaßgrau, Doppel- oder Dreifachkinne, am Armgelenk schweres und sehr goldenes Gold, ein Jägerhütchen und anderer Kopfputz, die Kostümjacken abgelegt, sanfte Schweißflecken unter den Achseln – eine Gruppe rheinischer Damen im zweigeschossigen, glasklaren Bus. Kleine Stadtrundfahrt West-Berlin. Rathaus Schöneberg erledigt, desgleichen Kontrollratsgebäude nebst Sportpalast, Yorckbrücken, Gedenkbibliothek, Springer-Hochhaus, Checkpoint Charlie – und nun: Stresemann-, Ecke Dessauer Straße, nahe jenem Niemandsland, das einmal Potsdamer Platz war. »Wir machen jetzt kurz halt. Sie können aussteigen. Von der Plattform aus ist es auch gestattet zu fotografieren.« Sightseeing in Berlin, Programmpunkt Mauer. Die rheinischen Damen: »Sollen wir sitzen bleiben?« Kurze Beratung. Hin und Her. Die Knöpfe der Spitzenblusen zerren in den Knopflöchern. Dann ein Entschluß: »Nein, ein bißchen Luft wird uns guttun.« Die Szene ist authentisch – die Spitzenblusen, die Schweißflecken, das zögernde Aussteigen, so geschehen an einem der jüngsten Tage –, aber gerecht ist sie nicht. Sie ist nicht typisch für diesen Schauplatz, für diese spezielle Besichtigungszeremonie, denn die gleiche Beobachtung könnte man machen am Hermannsdenkmal im Teutoburger Wald, am Niederwalddenkmal oder wo immer sonst der deutschen Geschichte ein kolossaler Stein vom Herzen dorthin fiel, wo es fast der Gipfel ist.

Sie ist nicht typisch für die Berliner Mauerschau, aber sie ist beinahe notwendig für den, der sie beschreiben will. Man lasse ein paar Damen mittleren Alters einem Objekt sich nähern, und schon fällt einem selbst die Annäherung leichter; man lasse sie aus dem Rheinland kommen, und schon hat das ganze Unternehmen einen Hauch von Satire; man versehe sie mit einem nur milden Interesse (ich schwöre, daß sie nur ein mildes Interesse hatten), und schon ist das eigene Interesse geweckt, weil auf einmal die Sache selbst, die jeder Beschreibung spottet, nicht mehr zu beschreiben ist, sondern die Gruppierung im Angesicht solchen Spottes. Oder der Spott im Angesicht solcher Gruppierung. Nochmals: »Nein, ein bißchen Luft wird uns guttun.«

Die Mauer steht jetzt ein Dutzend Jahre und sie hat der Berliner Souvenir-Branche einen neuen grünen Zweig beschert. Im Anfang gab es so sinnige Sachen wie Berliner Bären, die mit Stacheldraht umwickelt waren, inzwischen ist man da auch weltläufiger geworden. Ich kaufe: einen Fotosatz, dreisprachig: Die Mauer, The Wall, Le Mur. Ich finde, immer mit der Mauer im Hintergrund, die Aufnahme einer amerikanischen Patrouille, einer Vopo-Patrouille (auf dem Motorrad), ein Foto vom Checkpoint Charlie mit einem großen DDR-Schild »Herzlich willkommen« und einem preußisch-blauen Himmel, ich finde auch den Übergang Heinrich-Heine-Straße im Bild vor, ein alter Volkswagen mit offenem Schiebedach fährt gerade durch den engen Hohlweg zwischen den Betonsperren, weitere Barrieren leuchten rot-weiß im Hintergrund, ich finde ein Blatt »Todesstreifen«, ich finde das »Denkmal für Peter Fechter« mit einem kargen Blumentopf, ich finde zweimal das Wahrzeichen Berlins, einmal mit der Aufschrift »Grenze Brandenburger Tor«, zum andern als »Die Mauer mit dem Brandenburger Tor«. Das Ganze wunderhübsch fotografiert, gestochen scharf, so bunt wie das Leben, bleibende Erinnerung an ein bleibendes Ereignis.

Ich kehre zu meiner Gruppe zurück. Ein junges Mädchen ist im Wagen sitzen geblieben und liest in einer Illustrierten über »Mädchen, die nur Mädchen lieben«. An der Plattform schon eine kleine Schlange. Auf dem Podest klickt es, der amerikanische Streifenwagen wird ebenso fotografiert wie der Wachtturm drüben, der in ein altes Haus eingebaut ist. Ein Grenzpolizist wird sichtbar; eine Frau aus meiner Gruppe winkt. Die verwunderten Blicke der anderen lassen ihr die Hand rasch wieder sinken. Die Damen aus dem Rheinland sind gar nicht erst die Treppe hoch; sie fotografieren statt dessen den Hotelneubau ganz in der Nähe, es ist »ihr Hotel«.

Einmal habe ich auch gewinkt, Januar 1963, in den Berliner Zeitungen stand nachher ärgerlich, es sei sogar gewinkt worden, ein Skandal. Dabei war es das Selbstverständlichste von der Welt; wenn mir jemand zuwinkt, winke ich heute noch zurück. Winken hebt Mauern zwar nicht auf, aber es überbrückt sie. Das war damals, wenn man so will, ein historischer Moment, journalistische Glückssekunde, das einzige oder das erstemal, daß ein sowjetischer Führer sich die Angelegenheit besah. Chruschtschow, ganz überraschend, an der Mauer, jedenfalls an einem ihrer sieben Durchlässe. Im Hintergrund eine Schar von Begleitern, Beschützern, sehr zögernd Walter Ulbricht. Auf meiner Seite nur wenige Schaulustige, ein paar Polizisten, amerikanische Wachtposten. Und Chruschtschow, schon ganz vorn, dicht am weißen Markierungsstrich, fängt zu lachen an, ein breites, freundliches, spontanes Grinsen, und dann, angesichts der stummen, neugierigen Zuschauer, der West-Starre, hebt er die Hand, wie ein »Bitte recht freundlich«, und ist mit dieser Geste allein, bis ich's nicht mehr aushalte und zurückgrüße, winkend; Sekunden später ist die Szene vorbei: »Wie konnten Sie nur so was tun.«

Jede Mauer hat zwei Seiten, besonders die in Berlin.

»Kuck mal, da drüben besichtigen sie auch«, sagt einer in unserem Bus, als wir später am Brandenburger Tor vorbeikamen. In der Tat, da stehen ein paar

Leute, auch etliche Kinder, und lassen sich die Situation erklären. Von der anderen Seite der Mauer sieht alles ganz anders aus: Wir haben es – dies ist eine geschichtliche Lektion – mit dem antifaschistischen Schutzwall zu tun, der im Jahre 1961 die DDR gesichert hat gegen einen unmittelbar geplanten Überfall der Bonner Ultras unter Führung des damaligen Kriegsministers Franz Josef Strauß. Mit dieser Maßnahme zur Sicherung des Friedens ist gleichzeitig den Menschenhändlern und Agenten der westlichen Spionageorganisationen das schmutzige Handwerk gelegt und das Komplott der wirtschaftlichen Auspowerung der Deutschen Demokratischen Republik zunichte gemacht worden. Denn bis zum August 1961 sind Hunderte von DDR-Bürgern unter fadenscheinigen Versprechungen und mit dunklen Methoden aus dem Arbeiter- und Bauern-Staat gelockt worden. Der Verlust für die Volkswirtschaft der Republik, der dadurch entstanden ist, geht in die Millionen. Das ist nicht ohne Plausibilität, die Schulkinder sind einverstanden: Laßt das Tor zu.
Noch bevor der Tourismus die Mauer entdeckte, machten sich die Schriftsteller an ihr zu schaffen. Tagesschreiber, auch die besseren, die sich Publizisten nennen, und nun gar richtige Autoren bezogen in den Straßen an der Mauer Quartier. Schreibmaschinen klapperten um die Wette: Features, Hörspiele, lange Aufsätze, ein halbes Jahr später schon die ersten fleißigen und erzürnten Bücher. Es gab Spezialisten für einzelne Straßen, bevorzugt war im Anfang die Bernauer, wo als Mauer zunächst die östliche Häuserfront diente, wo es die meisten Fenstersprünge gab, einige davon verliefen tödlich. Mauerkneipen wurden unter Journalisten als Geheimtips gehandelt, sagst du mir eine in Neukölln, sag' ich dir eine in Reinickendorf, sogar mit Kegelbahn. Und in Kreuzberg findet sich eine, da kann man gemütlich im Freien sitzen, beschattet von Bäumen, beschirmt von der Mauer. Die fleißigsten Schreiber kauften schon ein Jahr später Grundstücke in Italien. Mit der Mauer leben, von der Mauer leben.
Der erste Tourist, an den ich mich erinnere, war ein älterer, man darf schon

sagen: ein alter Herr, der sich die Angelegenheit zehn Tage nach dem 13. August am Potsdamer Platz besah, wo damals die Empörung sich konzentrierte, wo ein regelrechter Betrieb aus Protest und Unwillen im Gange war. Der alte Herr kam nicht allein, er kam mit einer ganzen Schar von Begleitern, die sorgsam um ihn herum waren, jedenfalls zunächst. Denn es entstand auf einmal eine merkwürdige Grenzsituation; der alte Herr ging inmitten des Gedränges irgendwie verloren, er kam seinen Begleitern abhanden, und von der andern Seite aus wurde er ironisch begrüßt aus Lautsprecherwagen, die den Schlager spielten: »Nimm deine Blumen und geh.« Ich wüßte heute nicht mehr zu sagen, ob der alte Herr je bis zur Mauer gelangte, ob er bis ans Podest kam und dort hinaufstieg, ob ihm überhaupt ein Blick auf die Absperrmaßnahmen gelang, nur das habe ich noch in Erinnerung, daß ihn auf einmal inmitten fremder Tuchfühlung Einsamkeit überfiel, daß er mit einer Mischung aus Verdruß und Weinerlichkeit sagte: »Wo sind denn die Herren, wo sind denn meine Herren«, wobei er ein wenig taumelte. Die Herren, übrigens, ließen nicht lange auf sich warten, nahmen ihn in ihre Mitte und brachten ihn zu seinem Wagen. Es war Konrad Adenauer, erleichtert fuhr er davon.

Der nächste Fall von Mauertourismus fand nicht an Ort und Stelle statt, sondern im Flugzeug von Frankfurt nach Berlin. Eine freundliche Dame, elegant, patent, ich glaube Lehrerin, auf dem Weg zu einer Tagung ihres Verbandes. Nicht, daß ich an ein Kaffeekränzchen denken solle, sondern es handele sich um einen staatsbürgerlich gesinnten Klub; kein Hausfrauentratsch, vielmehr politische Themen. Höhepunkt der Berliner Zusammenkunft sei immer eine gemeinsame Fahrt zur Bernauer Straße. Ich solle nicht etwa an Sightseeing denken, an Schaulust im Angesicht der deutschen Not, beileibe nicht, sondern man lasse die Mauer auf sich wirken als eine politische Herausforderung, als eine Mahnung zum staatsbürgerlichen Handeln, als einen deutlichen Appell, sich mit dem Kommunismus auseinanderzusetzen, und nicht die Hände in den Schoß, und so weiter. Diesen Besuch an der Mauer, den brauche sie mindestens einmal im Jahr, das rüttele sie geradezu wach, das öffne ihr die Augen, es sollten alle Westdeutschen wenigstens einmal an die Mauer fahren, damit sie endlich begriffen, was gespielt wird. –

Die zwei Mauertouristen, von denen jetzt die Rede sein wird, habe ich erst dazu gemacht, sie wollten da gar nicht hin, jedenfalls waren sie auf die Besichtigung nicht sonderlich erpicht. Es ergab sich dann aber doch, daß wir dahin schlenderten, Richtung Brandenburger Tor, zur östlichen Seite. Die beiden kamen nämlich nicht aus dem deutschen Westen, sondern aus Leipzig, und es stellte sich heraus, daß sie sich bei früheren Besuchen in Ostberlin immer um den Anblick der Mauer gedrückt hatten. Für sie war bis dahin die Mauer ein wohlgehütetes Abstraktum, spürbar allenfalls in einer resignierenden Entschlossenheit, das eigene Leben zu leben, spürbar in einem deutlichen wirtschaftlichen Aufschwung der Deutschen Demokratischen Republik, in kürzeren Lieferzeiten für Autos, Fernsehgeräte und andere Waren, aber nie sichtbar als konkretes Mauerwerk. Die Witze darüber waren auch alle bekannt, vom »Sachsenring« bis hin zum Baum, auf den das kleine Fritzchen klettert, wenn die Mauer mal geöffnet würde, damit er nämlich nicht totgetrampelt würde – man war darüber längst zur Leipziger Tagesordnung übergegangen – aber nun auf einmal war sie da, hier, hier, hier, eine Absperrung nicht an irgendeiner Peripherie (wie man in Leipzig sich doch gelegentlich erlauben durfte zu denken), sondern mitten in Berlin, und auf der andern Seite gab es viel freundlichen Tiergarten, die goldene Figur auf der Siegessäule, das Hochhaus des Europa-Centers und den Funkturm, nein, der Funkturm wäre gelogen, den sieht man von hier aus nicht. Es ist dann von dieser Stippvisite nicht mehr viel zu berichten, außer daß die Stimmung gedämpft war hinterher, das Gespräch einsilbig, und als Kommentar gab es nur einen einzigen Satz, sehr viel später: Hier möchte ich nicht dauernd leben.

Mir persönlich sagte die Heidelberger Straße in Neukölln von Anfang an am meisten zu, im Laufe der Jahre habe ich auf dem Wege des Individualtourismus an die hundert Leute in diese Häuserschlucht zwischen den Bezirken Neukölln und Treptow geführt, denn hier konnte man und kann man was lernen, hier kann man in Erfahrung bringen, daß nicht nur der Mauereffekt im eigenen Kopf sich abnützt, sondern daß die Mauer selbst Abnützungserscheinungen hat und der Alltag sich auf kommode Art neben ihr einrichtet. Hier ist die ganze Straße, einschließlich des Bürgersteigs vor den Westberliner Häusern, Ostberliner Terrain, aber 61 ließ man das Trottoir für die Bewohner frei und zog einen Maschendrahtzaun neben dem Bordstein. Der war nun weiß Gott weder mauerhaft noch dauerhaft, ein paar Wochen später wurden Stacheldrahtrollen auf der Fahrbahn dagegen gelegt, später noch weiter zur Straßenmitte die ersten Betonquader aufgetürmt. Nach einem Jahr waren Maschendraht und Stacheldraht völlig verrostet, die Überreste wurden irgendwann von Grenzsoldaten entfernt, die Westberliner hatten für einige Zeit mehr Spielraum, bis dann vor ein paar Jahren die Steine wieder vorrückten, dichter gen Westen und mit festerem Gemäuer. Inzwischen aber ist aus dem Bürgersteig eine Fahrbahn geworden, Not macht erfinderisch, die Autos parken wieder vor dem Haus wie früher, es ist, als ob nichts passiert wäre.

Unser Bus hat den Grand Canyon der deutschen Kluft verlassen und ist unterwegs in den Gefilden der seligen Einseitigkeit, Hansaviertel, Schloß Bellevue, Schloß Charlottenburg, Olympiastadion, die Mauer ist ein Programmpunkt wie andere auch, mehr als der Mann mit dem Goldhelm oder die Nofretete zählt sie nicht, sie hält zwar noch, aber längst nicht mehr das, was die Berlin-Touristik sich in den ersten Jahren davon versprochen hatte. Was soll man auch groß dazu sagen, mit der Zeit ist schon fast ein Naturereignis daraus geworden. Wollen wir uns auf die Endmoräne des Zweiten Weltkrieges einigen?

# Grenzfälle für Anfänger

## *Die alte Dame aus Oranienburg*

Am 10. Juli, nachmittags 15 Uhr, wollte man ihr den endgültigen Termin sagen. Viel Zeit hatte sie nicht mehr, bis zum 29. Juli mußte sie außer Landes sein, mußte sie die Deutsche Demokratische Republik verlassen haben. Aber an diesem Nachmittag sollte sie Bescheid bekommen, wann der Zoll den Möbeltransport abfertigen würde auf dem Bahnhof Oranienburg, das war die Heimatstation. Man sollte ja nicht denken, daß es besonders schwierig wäre, die paar Möbel und Habseligkeiten einer alten Dame in einen Eisenbahnwaggon zu laden und gleichzeitig zollamtlich abzufertigen, aber was so richtige Lebensnähe ist, die hat ihre Mucken und fügt es so, daß zwar die Spedition in Oranienburg sitzt, die nächste Dienststelle des Amtes für Zoll und Kontrolle des Warenverkehrs jedoch in Henningsdorf, das ist zwar nicht weitab, aber immerhin, jeden Tag sind die nicht im Oranienburger Bahnhof. Und die volkseigene Spedition hat ihre Zeit auch nicht gerade gestohlen, also das muß schon ein bißchen koordiniert werden. Die alte Frau machte sich nun an die Koordination, will sagen, sie rannte rum, lief zur Transportgesellschaft, schickte Freunde nach Henningsdorf zum Zoll, der sollte es den Spediteuren schriftlich geben, wann er denn nun, blaßblau uniformiert, am Bahnhof stände. Aber schließlich (da war sie schon ganz schön erledigt von der Lauferei) hatte man zu ihr gesagt, Freitag nachmittag, gegen drei Uhr, da sagen wir Ihnen den Termin, wann's denn nun losgeht. Und abends wollten die West-Berliner anrufen, wie es steht, die waren nämlich auch schon ganz nervös, hatten das Zimmer leergemacht, und die Urlaubspläne richteten sich nach dem Eintreffen der alten Dame aus Oranienburg. Wenn aber in West-Berlin, und nicht nur im Kreise der wartenden Familie, von ihr die Rede war, dann nannte man sie Emma (denn so hieß sie), und wer von den Außenstehenden dies im Anfang noch als komisch empfunden haben mochte, kam im Laufe der Geschichte immer mehr zu der Ansicht, daß zur Belustigung wenig Grund war und daß die kuriose Trockenheit des Namens allenfalls der Absicherung diente gegen die kommune Ost-West-Rührseligkeit. Deshalb sei er auch beibehalten für unseren Bericht.

Die Geschichte Emmas war einer der zahlreichen Fälle von Familienzusammenführung, die das Deutsche Rote Kreuz nach dem 13. August 1961 abgewickelt hat; in Ausnahmefällen, besonders bei alten Leuten, gestatten die Behörden der DDR die Ausreise, wenn eine Zuzugsgenehmigung aus dem Bundesgebiet oder aus West-Berlin vorliegt, und wenn die Angehörigen dort zusichern, daß sie für die Übersiedler sorgen werden. Emma war, wie man sagt, alleinstehend; im letzten Herbst war der Mann gestorben, sie hatte ein »Ruhe sanft« auf seinen Grabstein meißeln lassen und ihren Namen gleich mit, dann brauchte später nur noch das Datum dazu, der Todestag. Aber dann war Weihnachten gewesen, Passierscheinaktion, die Verwandten aus West-Berlin hatten telefoniert, bis Oranienburg dürften sie ja nicht (weil es schon außerhalb Berlins liegt), aber ob sie nicht nach Lichtenberg fahren könne, da werde man Wiedersehen feiern.

Und ob. In Lichtenberg zu Weihnachten kam dann auch die Idee mit dem Antrag auf: Emma sollte übersiedeln. Schließlich saß sie doch ganz allein in dem Haus, mit dem Garten und dem Viehzeug war das eine ziemliche Wirtschaft. Und wenn sie mal krank würde – obwohl ja in Oranienburg die Meinung umlief, wenn einer hundert Jahre alt werde, dann Emma –, dann hätte sie niemanden, und die West-Berliner könnten ihr auch nicht helfen. Also gut, das mußte überschlafen werden, den Januar über, Februar auch noch. Anfang März schrieb sie einen Brief, sie werde den Antrag stellen, daß sie nach West-Berlin wolle. Von dort schickte man ihr die Zuzugsgenehmigung und die Unterschrift, daß sie gut versorgt sei nach ihrem Umzug. Auch war klargestellt worden, daß sie in West-Berlin ebenfalls Rente bekäme. Sechs Wochen nach Antragstellung bekam die alte Frau die Vorladung zur Rücksprache bei der Stadt Oranienburg. Sie wurde nach ihren Gründen gefragt, ideologisch war da nicht viel drin, sie wollte auch nicht unbedingt in die Freiheit, sondern zu ihren Leuten, die wohnten eben in Schöneberg. Wenn's noch wie früher gewesen wäre, da konnten die mal rauskommen, sonntags nachmittags zum Kaffeetrinken, weit hatten sie's ja nicht bis Oranienburg. Das war Mitte April, und kurz darauf mußte sie noch mal hin aufs Amt. Und dann konnte sie sich Formulare abholen für den Möbeltransport. Ende Mai kam dann die Genehmigung, zugleich mit der Bekanntgabe des Stichtages: 29. Juli 1964. Da hätte sie nun mit dieser Genehmigung, theoretisch, gleich losfahren können, aber konnte sie denn ihr Haus, verwohnt wie es war, dem neuen Mieter hinterlassen?

Die alte Dame aus Oranienburg bestellte den Maler, der sollte das ganze Haus renovieren. Dann mußte sie, sukzessive, das Viehzeug abschlachten, die Hühner und die Kaninchen, davon hatte sie 24 im Stall. Und dann muß sie wohl viele kritische Gänge durch ihr Haus getan und sich überlegt haben, wieviel von ihren alten Möbeln sie denn in dem neuen Zimmer, das man in Schöneberg für sie frei gemacht hatte, würde unterbringen können. Denn eines Tages kam ein Brief, da schrieb sie: »Von den alten Möbeln habe ich zehn Sack Kleinholz gemacht. Macht man schon Platz im Keller, damit wir sie einstellen können.« Und weiter schrieb sie: »Mein Nachttisch ist auch schon schlecht, den habe ich auch zerhackt und mir einen neuen gekauft.« Und dazwischen packte sie Pakete und schickte zum Beispiel Kleiderbügel, einfache Holzbügel, wie man sie hierzulande bekommt, wenn man Kleidung kauft. Und wenn die Schöneberger anfragten, wann sie denn nun kommen wolle, gab sie zur Antwort, so früh nun nicht, es mache ja alles viel Arbeit und Lauferei, hoffentlich schaffe sie es. Vor allem müsse sie das Grab ihres Mannes in Ordnung bringen und eine Frau finden, die es dann pflegen werde. Und als sie dann endlich alles zerhackt, gepackt, geschlachtet, leergeräumt hatte, kam dann die Schwierigkeit mit Zoll und Spedition ... Es gab auch noch andere Komplikationen, zum Beispiel mit dem Waschfaß. Das war nicht zu zerhacken, sollte erst wohl mit nach Schöneberg, aber dann hörte Emma, daß dort schon eine Waschmaschine stünde, hochmodern und vollautomatisch (und was dergleichen Vokabeln mehr sind), und da wurde das alte Waschfaß kurzerhand verkauft, es fand sich auch gleich ein Abnehmer. Aber wer weiß, was in so einem Zuber steckt, wieviel Waschtage, Lebenstage, Schweiß und Unbequemlichkeit, wieviel Kernseifengeruch und Schinderei, wieviel zerriebene Knöchel und verbrühte Finger, wieviel Sauberkeitsfanatismus und Properkeitslust, wieviel Willens- und Wäschestücke darin sich festgesetzt haben und nun auf einmal weg sind: Jedenfalls (das berichteten die Nachbarn nach Schöneberg) hat Emma drei Tage lang, nachdem das Waschfaß verkauft war, geweint.

Oranienburg gehört nicht zu Groß-Berlin. So war die Möglichkeit zu telefonieren, auch in den Tagen dieser Geschichte gegeben. Zu dieser Fernmündlichkeit fühlten sich die Schöneberger am 9. Juli genötigt, weil nämlich ein Telegramm aus Oranienburg gekommen war, Emma habe einen Schwächeanfall erlitten. Aber das Telefonat mit den Nachbarn war beruhigend, der Anfall sei schon vorüber, der Arzt habe der alten Frau gut zugeredet, ihr den Kopf ein bißchen zurechtgerückt, sie solle sich doch freuen, daß sie nun zu ihren Kindern fahren könne, das wäre doch schließlich eine Sache. Und sie habe sich dann auch, wie man auf berlinisch sagt, bekrabbelt, sei wieder ganz munter geworden und habe sich erinnert, daß sie ja morgen, am Freitagnachmittag, nun erfahren solle, wann es losgehe mit dem Transport.

Daß sie's dann doch nicht erfuhr, lag nicht am Zoll, nicht am VEB Spedition, es lag an ihr selbst. Als die Nachbarn am Freitagmorgen kamen, um nach ihr zu sehen, war sie tot: Herzschwäche. Drei Tage danach kamen in West-Berlin noch Geburtstagsglückwünsche von ihr an, auch ein Päckchen mit ihrer Bibel. Emma selbst aber bleibt in Oranienburg, liegt schon unterm »Ruhe sanft«, der Pfarrer hat beim Begräbnis vom alten Baum gesprochen, den man wohl nicht mehr verpflanzen könne. Und auf den Grabstein wurde als ihr Todestag gesetzt: 10. Juli. Es war der Tag, an dem sie den endgültigen Bescheid erhalten sollte.

## *Fasching in Ostberlin*

Ein Königreich für eine Pappnase! Warum auch haben wir uns nicht mit einer Pappnase versehen, oder mit einem lustigen Hütchen, oder mit einem roten Schal, oder vielleicht mit schwarzen Augenmasken? Warum stehen wir da im dunklen Anzug und weißem Hemd, schneedurchnäßten Schuhen, ratlosem Gesicht, ohne irgendein Zubehör karnevalistischer Fröhlichkeit? Der Mann am Eingang hat völlig recht, als er uns auf den alltäglichen Kopf zusagt: »Sie sind aber eine traurige Nummer, so kommen Sie hier nicht herein, bei uns herrscht Kostümzwang.«

Wir haben es selbst im Gefühl, daß wir eine traurige Nummer sind, aber schließlich sind Garderobemarke und Eintrittskarte schon vorhanden, nebst etlichem guten Willen, sich gerade an diesem Abend, sofern nur der Zutritt gestattet werde, aufheitern zu lassen, oder sagen wir: ganz schön angeheitert nach Hause zu gehen. Fasching, so haben wir es uns gesagt sein lassen, ist eine Art Sommerfrische

der Seele, ein Abfahrtslauf des Selbstbewußtseins, ein Kopfsprung ohne große Beteiligung des Kopfes, jetzt aber verwehrt man uns das Sprungbrett. Kostümzwang. Wir denken uns unser Teil. Wir denken uns: die feinste Form der Nötigung. Wir denken uns: typisch Kommunismus. Denn nicht in Köln, nicht in Düsseldorf spielt diese Geschichte, sondern in Ostberlin auf der Karl-Marx-Allee, im Club der Jugend und Sportler, genau gegenüber dem Platz, wo bis zum Jahre 1953 der Sockel gestanden hat mit dem Standbild Stalins, das dann über Nacht einem Aschermittwoch der Ideologen zum Opfer fiel.
Wo feiert man Fasching in Ostberlin? Vor ein paar Tagen hatte das Parteiorgan ›*Neues Deutschland*‹ einen »Faschingsball international« angezeigt und die übermütigen Sätze verlautbart: »Närrische Bälle werfen ihre Schleier und Masken voraus ... morgen und am Freitag trifft man sich beispielsweise in der Kongreßhalle am Alex ... ob mit oder ohne Kostüm, die Stimmung wird ganz groß.« Das ist das Schöne an der Partei, sie weiß immer schon im voraus, wie die Stimmung sein wird. Am Sonntagabend war die lustige Plakatwand noch aufgebaut am Alexanderplatz, mit ungemein komischen Hüten und lachhaften Masken. An den Litfaßsäulen waren die HO-Etablissements des Stadtbezirks Berlin-Mitte mit Karnevals-Dingen plakatiert, zum Beispiel das Melodie-Kasino im Friedrichstadtpalast, die Theater-Klause »Pinguin-Bar« nebst der Clou-Bar und einigen anderen, so daß kein Zweifel daran sein konnte, wie gesamtdeutsch heutzutage der Fasching (inklusive Karneval und Fastnacht) schon ist. Die Fröhlichkeit kennt eben keine Grenzen.
Immer noch haben wir es mit dem Kostümzwang zu tun. Dabei hat die Garderobenfrau nun auch schon unser Jackett weggehängt, dabei haben wir die Hemdsärmel schon aufgekrempelt, den Schlips abgebunden und in den Jux einer Schleife verwandelt. Dabei haben wir unser Gesicht schon in Lachfalten gelegt. Mitnichten nützt uns dies etwas. Wir sind immer noch eine traurige Nummer. Da weist der Mann am Eingang auf schwarze Schärpen hin, die man für fünf Mark leihen

könne, glänzende Unterschlupfe für traurige Nummern, mit Fransen in Taillenhöhe. So eine ziehen wir uns an, und nun beginnt der »Alchimisten-Fasching der Auslandstouristen« mit dem Teufelstanzorchester Bruno Pflaum.
Es ist prächtig voll im Saal und auf der Tanzfläche; es kommen noch Karnevalisten aus der Klosterstraße, aus dem Haus der jungen Talente, hinzu; da hat vor wenigen Stunden der Faschingssaaal Feuer gefangen, und es ist ein Brand entstanden, der am nächsten Tag sogar als Großfeuer gemeldet wird. Der Kostümzwang offenbart seine heiteren Seiten: Cowboys, Trikotdamen, ein Mönch und

eine Nonne, eine junge Dame mit der Aufschrift »Baby Doll« (aber nicht weiter doll), bißchen was Spanisches, bißchen Pußta, bißchen Phantasie: Hauptsache praktisch.

Das gemeinsame Losungswort heißt: Humba, humba, täterä. Wer spricht von Freiheit, wer von Sozialismus? Wer wagt es, entzweiende Vokabeln in den Mund zu nehmen? Denkbar wäre eine Conférence, die allein bestritten würde mit den Lieblingswörtern Humba und Täterä, diesen beiden elementarsten Artikulationen im Nachkriegsdeutschland. Der Festredner des Abends klärte das Publikum nämlich auf, daß die Berliner den Kölnern und Mainzern, den Frankfurtern, Düsseldorfern und Aachenern weit voraus seien mit ihrem Faschingsruf: »Hinein, hinein, hinein.« Aber sonst gleicht sich alles aufs Haar, bis hin zur umwerfenden Ankündigung der Kußfreiheit (»aber nicht beißen«) und der Zusage gewisser Zutraulichkeit (»aber für Folgen komme ich nicht auf; nicht, daß ich nach neun Monaten als Pate angefordert werde«).

Einer singt *»O du wunderschöner deutscher Rhein«* und erntet für Kehlkopf und Text schönen Applaus, ein Hexenballett bringt weitere Stimmung auf die Beine, und eine der Hexen erklärt unsereinem später, warum die jungen Leute auf einmal alle einen Gruppentanz vollführen. Das sei Letkiss, sagt die Ballettelevin, das komme aus dem Westen. Wir auch, lautet unser Bekenntnis, wir kämen auch aus dem Westen. Woher man denn im Osten dergleichen Dinge kenne. Und da heißt die Antwort: Aus dem Fernsehen. Und überhaupt, so was spreche sich halt herum, setze sich durch, das könne man eben.

Beim Abschied fragt uns eine andere junge Dame, die an der Eintrittsbarriere steht, ein bißchen streng, was wir denn für eine Funktion hätten im Klub der Jugend und Sportler. Da sind wir aber längst keine traurige Nummer mehr, sondern antworten fröhlichen (und auch reinen Herzens): »Humba, humba, täterä.«

## *Wenn Berliner baden gehen*

Irgendwer hatte gesagt, im Strandbad Lübars gebe es das klarste frischeste Wasser von Berlin, Quellwasser geradezu, wer dort nicht gebadet habe, wisse gar nicht, was baden in Berlin heiße. Und idyllisch sei es da obendrein. Es war der Tag, als der Tankwart mit grimmigem, verschwitztem Triumph verkündete, es sei heute heißer als in Athen und gut so warm wie in Neu-Delhi.
Lübars lockte. Lübars liegt ganz im Norden von Berlin. Es ist einer jener dörflichen Vororte, die so weit draußen liegen, daß sie auf dem normalen Stadtplan nicht mehr Platz finden und auf irgendeiner Zusatzkarte seitlich angebracht werden. Auf halbem Wege nach Lübars trübte eine Auskunftsperson das erwartete Quellwasser mit der Mitteilung: »Nach Lübars zum Schwimmen? Viel Spaß wünsch ick. Det is kleen, aber voll.« Hinter dem Bahnhof Waidmannslust verlief sich die Stadt dann endgültig in Landschaft. Es gab dörfliche Chausseen, die Großstadt behauptete sich nur noch mit der Geschwindigkeitsbegrenzung und dem Panorama des märkischen Viertels. Das Gewässer von Lübars kündigte sich an mit einem Pfeil »Strandbad«, sodann mit zwei Reihen dicht geparkter Autos. Vor dem Eingang schoben ein paar kräftige Männer ein Lastauto mit Erfrischungsgetränken an, das nicht mehr weiterwollte. Bei unserem Eintritt rief der Lautsprecher: »Achtung, Achtung! Ein kleiner Junge, zirka zwei Jahre alt, hat sich angefunden. Abzuholen am Sprungturm.« Aber an diesem heißen Mittag schien niemand Interesse zu haben an zweijährigen Jungen. Tausende von Menschen hatten sich's bequem gemacht in dem freundlichen waldbestandenen Gehege. Sie lagerten zwischen Kofferradios und Sonnenölflaschen, zwischen Stullenpaketen und Federballschlägern, sie kämpften mit Sonnenbrand und Stechfliegen, mit Durst und mit dem expansiven Nachbarn. Sie stellten Liegestühle auf und zerschlugen die Ameisen. Von Zeit zu Zeit erinnerte der Lautsprecher daran, daß der kleine Junge immer noch abholbereit am Sprungturm stand. Das Wasser

Schultheiss
Abfahrt nach Tegel
Walter FRANZ
Sonntag am Tegler-See

war kühl und mäßig trüb, auch bot es in der Tat Gelegenheit zu ausladenden Schwimmstößen. Dann aber war es genug mit der Lübarser Erfrischung. Indes der Lautsprecher immer noch an die Mutterliebe appellierte und den kleinen Jungen am Sprungturm ausrief, enteilte der von soviel Erquickung erschöpfte Besucher.

Eine halbe Stunde später gab es schon wieder Wasser. Es war die Havel in der Nähe von Heiligensee, im Ausflugsrestaurant Feengrotte wurden riesige Mengen Weiße mit Schuß (in knalligem Rot oder Grün) über die Ausflügler geschüttet. Ein abgetakelter alter Dampfer namens »Konradshöhe« lag am Ufer und rostete seinem Untergang entgegen. Konradshöhe hieß auch die Anlegestelle, wo kurz darauf das MS »Tourist« hielt und etliche Entzückungsschreie von Bord gehen ließ, auch Männer, die ihre Skatkarten bereithielten. Auf die Frage, wohin die Fahrt gehe, kam die seltsame Antwort: »Bürgerablage.« Als Bürgerablage erwies sich eine Lichtung am anderen Ufer, das hier fünfhundert Meter entfernt ist, ein Badeplatz, ein Dampfersteg, ein Restaurant mit großem Garten und ein Grenzposten. Dicht neben der Anlegestelle steht ein Schild »Beginn des britischen Sektors«; hier also ist einer der Punkte, wo die Berliner Gewässer von der Politik zerschnitten werden.

Aber nirgendwo sonst gibt es einen so merkwürdigen Badeplatz wie diese Bürgerablage. Da haben sich Hunderte von Berliner Bürgern abgelegt, unter Kiefern oder in der prallen Sonne, auf Luftmatratzen oder in Rettungsringen, mit Schwimmflossen und Tauchmasken, da hocken sie in Bikinis und Shorts, da hocken sie zu zweit, allein, oder sie kratzen im Familienrund Kartoffelsalat aus einer Blechkanne – und wenige Schritte entfernt verläuft der Stacheldrahtverhau. Drei Schilder warnen: Eins für die alliierten Soldaten, eins für die West-Berliner (Sie verlassen nach 70 Metern West-Berlin), und dann gibt es noch eins, mit dem es eine besondere Bewandtnis hat. An dieser Stelle nämlich geht die umgebende DDR-Grenze direkt auf das Ufer zu und bis etwa zur Mitte des Sees ins Wasser hinein; aber innerhalb des Gebiets liegen zwei winzige West-Berliner Exklaven, die Wochenendsiedlungen Erlengrund und Fichtewiese. Wer dort ein Grundstück hat, den lassen die Grenzposten gegen Vorlage des Siedlerausweises passieren. Aber er darf nicht mehr vom Garten aus ins Wasser oder ins Boot gehen, denn die Havel gehört an der Stelle schon zur DDR, nicht mehr zur Exklave. So liegen denn jetzt die Segel- und Motorboote, die »Alte Liebe«, neben vielen anderen, dicht an dicht auf dem ersten Stück West-Berliner Ufer. Und die Parzellenbesitzer können sich zwar in ihren Bungalows umziehen, doch zum Baden müssen sie wieder ein paar Schritte zurück nach West-Berlin. Den Siedlerausweis, der ihnen als Passierschein dient, geben sie dann in der Blockhütte der West-Berliner Polizei ab.

Der Polizist, der an diesem Nachmittag Dienst tut, reicht einem Jungen in nasser Badehose seinen Ausweis aus der Hütte und berichtet dann. Die Grenze sei hier gut gekennzeichnet, auch im Wasser. Leider gebe es immer wieder Leute, die vom Übermut gepackt würden. »Sehen Sie sich den an, mit dem Motorboot! Albert da herum und ist eigentlich schon auf der Grenze. Sollte mich nicht wundern, wenn gleich das Boot von drüben kommt!« Nach einer Weile kam tatsächlich, hinter einem Schilfvorsprung, ein offenes Boot in Sicht, drei Soldaten in der Uniform der Grenzpolizei saßen darin. »Also eins muß man sagen: Haschmich spielen die nicht. Sie legen sich nicht auf die Lauer. Aber wenn's nun partout einer nicht lassen kann und schwimmt weiter rein über die Grenze, dann müssen sie eben einschreiten.«

Zu den grotesken Berliner Bade-Geschichten gehört das Erlebnis eines Mannes, der auf dem Glienicker See mit einer Luftmatratze unterwegs war, auf dem Wasser einschlief und erst wieder zu sich kam, als ihn Grenzpolizei der DDR an Bord ihres Bootes nahm. Der Bericht fährt fort, daß der Delinquent in seiner sparsamen Kleidung dann zur Vernehmung nach Ostberlin gebracht worden sei, ins Polizeipräsidium am Alexanderplatz, und erst nach vielen Stunden, noch

immer in Badehose, an einem Sektorenübergang abgesetzt worden sei. Der Beamte an der Bürgerablage schüttelt den Kopf. Das habe es wohl auch mal gegeben, aber von so abenteuerlichen Umwegen habe er noch nichts erlebt. »Ist doch für die Vopos auch lästig«, sagt er, »bei der Hitze.« Wenn einer aufgegriffen werde, befrage man ihn kurz »zur Person« und entlasse ihn bald wieder ins Wasser.
Am Glienicker See, noch später an diesem Nachmittag, war es passiert. Auf seiner ganzen Länge ist dieses Gewässer, das nicht weit von Potsdam entfernt liegt, von der Grenze durchschnitten. Auch hier ist sie durch Bojen genau gekennzeichnet, Warnschilder in Ufernähe geben die Entfernungen an. Auch hier Tausende, die im Schweiße ihres Angesichts und im Glanze von Sonnenöl Erholung auf sich nahmen. Und von diesen Tausenden waren fünf »aufgegriffen« worden, darunter drei Frauen. Kaum jemand hatte es bemerkt. Die Wasserschutzpolizei von West-Berlin hatte kurz vorher noch etliche Neugierige gewarnt, wenig später waren sie schon »aufgebracht«. Meistens stellt sich erst heraus, daß Badegäste verschwunden sind, wenn sie melden, daß sie wieder da sind. Diesmal ging es auch am Glienicker See sommerlich-freundlich ab. In der Kaserne Glienicke mußten sie ihre Personalien und ihre Meinung zur politischen Lage bekanntgeben, dann war der Fall erledigt. Mit einem Boot wurden sie wieder in den See gebracht, dort durfte, wer konnte, einen Kopfsprung machen und ans westliche Ufer schwimmen, das hier das östliche ist.

## *Operettenweihnacht: Unteilbar durch Schmelz und Schmalz*

Operette ist ein Gefühl wie Weihnachten, darum ist Weihnachten die seligste Zeit der Operette. Kein Wunder also, daß während der Feiertage Sonderschichten eingelegt werden in den Häusern, die sich auf die Versorgung des deutschen Publikums mit Unwirklichkeit spezialisiert haben. Zur Fettlebe dieser Tage gehört auch das Schmalz, das nun in Doppelvorstellungen überall dort abgefüllt wird, wo Tenöre einen durch die Pußta oder das Salzkammergut sich hinziehenden Handlungsfaden schmieren. Wer im Dienst der Operette steht, hat in diesen Tagen hart zu arbeiten, damit auch allen Interessenten ihr Ohrenschmaus gesichert ist. Verlangt wird verstärkter Dienst am deutschen Gemüt.

Dieses Operetten-Gemüt gehört zu den gesamtberliner Erscheinungen. Wir sind teilbar durch Demarkationslinien, Währungen, politische Systeme, Dialekte, Ansichten, Sprachgebrauch – aber was uns auch in der härtesten Realität getrost verbindet, ist unser wacher Sinn für Irrealität, Kerzenschimmer, für hohe Töne und märchenhafte Geschehnisse.

*»Weißes Rößl«* im Ostberliner Metropoltheater am Bahnhof Friedrichstraße. Auch dort wird zu Weihnachten schon nachmittags angefangen, am Abend des 25. Dezember ist die 225. Vorstellung der Operette von Ralf Benatzky. Allerdings ist der 26. dann wieder ein normaler Spieltag, weil man in der DDR den zweiten Weihnachtsfeiertag annulliert hat. Zweihundertfünfundzwanzigmal das *»Weiße Rößl«*, das muß man gesehen haben. Ich habe es gesehen. An diesem Abend vor Weihnachten gab es noch Karten in den meisten Preislagen, der Platz in der vierten Reihe kostete zwölf Mark.

Zunächst einmal das Wiedersehen mit dem Haus, diesem mittelprächtigen konservativen Raum, der früher Admiralspalast hieß und nach dem Kriege die Staatsoper aufnahm, bis sie 1955 in den wiederhergestellten Langhans-Bau Unter den Linden einziehen konnte. Hier aber, im Metropoltheater, haben sich nicht nur Oper und Operette, sondern auch Politik abgespielt: hier versammelte sich der Vereinigungsparteitag, auf dem am 21. und 22. April 1946 Funktionäre der KPD und einige Mitglieder der SPD auf Betreiben der sowjetischen Besatzungsmacht die Gründung einer neuen gemeinsamen Partei, der Sozialistischen Einheitspartei, beschlossen.

Und jetzt das *»Weiße Rößl«*. Wer hat denn da, bitte, gesiegt, der Sozialismus oder das deutsche Zwerchfell? Oder sollte es gerade den Sieg des Sozialismus bedeuten, daß die Leute nun unbeschwert in die Operette gehen und lachen können? An diesem Abend sind sehr viele junge Leute da, daneben dann eine betagtere Generation. Die Jungen verdanken den Besuch wohl vor allem dem sogenannten »Jugendanrecht«, einem Abonnementssystem, das laut ausliegendem Prospekt in Anspruch genommen werden kann »von Klassen der polytechnischen und erweiterten Oberschulen, ... Jugendbrigaden, Lehrwerkstätten, Jugendklubs, FDJ-Gruppen usw.«. Auch für die Älteren gibt es solche Einrichtungen: »Aus den Sammelausweisen geht hervor, welches Theater in welchem Monat zu besuchen ist. Diese von der Anrechtszentrale vorgenommene Einteilung ist grundsätzlich bindend. Es ist keinesfalls möglich, die Abnahme nach eigenem Ermessen vorzunehmen ...«

Und endlich fängt es an. Endlich geht es los, die Wirtshausgeschichte vom *»Weißen Rößl«*, die Gastronomie-Romanze zwischen der Wirtin Josepha Vogelhuber und ihrem Zahlkellner Leopold Brandmeyer, diese Einheiratsreportage vom Wolfgangsee, die Hans Müller und Erik Charell Ende der zwanziger Jahre nach einem Lustspiel von Blumenthal und Kadelburg zusammengeschrieben haben. Sie geht los und korrigiert zunächst einmal den Rezensenten: mit Operettenseligkeit hat das weniger zu tun als mit Revuecharakter. Operette betreibt sich hier als ihren eigenen Widerruf. Nur ist der Widerruf original instrumentiert: da steht das Glück vor der Tür, da tritt man ein und vergißt seine Sorgen. Da gibt es zwar das parodistische Gilbert-Chanson *(»Was kann der Sigismund dafür«)*, aber auch die Einschmelzmelodien von Bruno Granichstaedten *(»Zuschaun kann i net«)*. Da ist zwar das unvermeidliche Ballett wenigstens aus seiner Unmotiviertheit erlöst und tritt nun als reisende Ballett-Truppe in Erscheinung, aber der Chor (4 Portiers, 4 Stubenmädchen, 4 Kellnerinnen, 4 Kellner, 3 Bergführer, 4 Bergsteiger) gehört zur guten alten Übung, zum Singsang einer Gattung, die eh nicht nach dem Warum zu fragen gewöhnt ist.

Wenige Tage darauf: *»Der Zigeunerbaron«* von Johann Strauß (Sohn) in West-Berlin, im Theater des Westens. Die Bühnen haben ein paralleles Nachkriegsschicksal. Auch das Haus in der Kantstraße war erst Opernbühne (»Städtische Oper«), ehe es abdankte – zugunsten des Neubaus der Deutschen Oper in der Bismarckstraße. Als das Theater des Westens im Herbst 1961 anfing, bekam es neben Damenbesuch *(»My fair Lady«)* auch ein Orchester, in das die durch die Mauer brotlos gewordenen Grenzgängermusiker einstimmten. Auch hier hat man die Dressurprüfung des *»Weißen Rößl«* schon hinter sich, mit Vico Torriani in der Rolle des Leopold.

Nun aber *»Der Zigeunerbaron«*, in Szene gesetzt von einem Regisseur namens Ferry Olsen, der im Programmheft (für 2 Mark) verkündet: »Denn im Theater gehen kann ein jeder, aber im Theater dabeizusein, das wird erst zum wahren Erlebnis und in diesem Sinne ...« Daß jemand »im« Theater geht, zählt unsereiner zu den Pannen des eigenen Berufs, zu den Druckfehlern, bis er in der Inhaltsangabe des 1. Akts liest: »Im Folge einer allgemeinen Amnestie wird durch den kgl. Kommissär Carnero, dem Sohn des Verbannten ... sein Eigentum zurückgegeben.« Daß man sich über die deutsche Grammatik nicht im klaren sein muß, wenn man eine österreichische Operette zeigt, wen wollte das grämen?

*»Der Zigeunerbaron«* – das muß eine Geschichte sein, die uns angeht. Denn siehe, das große Theater ist fast voll, auch die teuren Plätze sind gut besetzt; neben mir (auf den 21-Mark-Plätzen) zwei junge Ehepaare, die sich zu diesem Samstag-Vergnügen verabredet haben. Werden sie auf ihre Kosten kommen? Ist es nach einer Arbeitswoche wirklich eine Erlösung, wenn man einer Handlung zusieht, die neben so fabelhaften Dingen wie Schatzsuche und Zigeunerliebe, neben so abgegrasten wie Pußta-Romantik und Rustikal-Fröhlichkeit auch nicht ein Fünkchen Plausibilität, nicht ein Spurenelement von Urbanität besitzt? Gewiß doch, die Musik, diese eingängige Musik, die der Rundfunk in Wunschkonzerten und das Fernsehen in bunten Abenden in ihrer Unsterblichkeit ver-

ewigt. »Der Zauber seiner Töne«, so sagt Franz Léhar von Johann Strauß im Programmheft, »wird erst dann versiegen, wenn es keinen Frohsinn mehr geben – wenn die Menschheit das Lachen, das Singen und Tanzen verlernt haben wird.« Nun ist das Wort Frohsinn ohnehin eher das Dementi dessen, was es besagen möchte, aber wenn man den Bühnenereignissen zusieht, muß man zum Ergebnis kommen, die Menschheit sei drauf und dran, das Lachen und das Tanzen zu ver-verlernen; was wird da grimassiert, um gute Laune vorzutäuschen, was müht sich das Ballett, der Handlung Beine zu machen.
Ich verließ, zum Entsetzen der Garderobenfrauen, die Vorstellung in der Pause. Im Kassenfoyer, beim Hinausgehen, sprach mich ein freundlicher Herr an und fragte, ob ich aus dem Theater komme. Als ich nickte, packte er zu: »Könnte ich dann wohl Ihre Karte haben für den Rest des Abends?« So siegte, dennoch, *»Der Zigeunerbaron«* über seinen Verächter. So siegt die Operette über die Zerrissenheit unseres Landes. Unteilbar sind wir durch Schmelz und Schmalz. Auch vor der Operette sind wir alle Berliner.

Berliner Poesiealbum

Berlin, den Datum weiß ich nicht,
Keinen Kalender hab ich nicht,
Die Tinte ist mir eingefroren,
Die Feder hab ich auch verloren,
Das Bleistift ist mir abgebrochen,
Vor Angst bin ich ins Bett gekrochen.

Mai Mai Mai
April ist schon vorbei.

Eener alleene
Is nich scheene;
aber eener mit eene,
Und denn alleene,
Det ist scheene!

A 27
35
SOL
Werner
Baufirma
Helmut Voll
131646
Industrie und Bauplatz in Berlin

Kinnewippken,
Nesedrippken,
Oogendreneken,
Ziep, Ziep, Mareneken.

Berliner Kind,
Spandauer Wind,
Schalottenburjer Ferd,
Sind alle drei nischt wert.

Kleineres Transportunternehmen in Schöneberg

Du bist verrückt mein Kind,
Du mußt nach Berlin;
Wo die Verrückten sind,
Da jehörste hin.

Det kommt nicht so von unjefähr
Det kommt von janz wat anders her.

Piefke lief, Piefke lief,
Piefke lief de Stiebeln schief.

Ne jroße Tiete un nischt drin,
Det is'n Koofmich sein Jewinn.

Karl.
45

Das Dorf Lübars mit kleiner Kirche, Schule Feuerwehr

In Berlin, in Berlin
Hat ne Frau ihr Kind verjuften
Mit ne Klobe Kien.

Meine Buletten, die sind jut,
Wo keen Fleisch is, da is Blut,
Wo keen Blut is, da sind Schrippen:
An meine Buletten is nicht zu tippen.

Wer nie bei Mix und Genest war,
Bei Schwartzkopf, AEG und Borsig,
Der kennt des Lebens Tücke nich,
Der hat sie erst noch vor sich.

Linke Ufer mit regem Schifferei-Betrieb

Im gemütlichen Berliner Zoo

Ick bin jerührt wie Appelmus,
Zerfließe wie Pomade,
Mein Herz schlägt wie'n Ferdefuß
In meine linke Wade.

Dieset kleene Aas
Macht vorn' Daler Spaß.
Läßt sich von Berlin nach Wien
Von jeden an de Strippe ziehn.

Un was 'n juter Schneider is,
Muß wiejen sieben Fund,
Und wenn er das nich wiejen tut,
Denn is er nich jesund.

Ick un det un kieke mal,
Oogen Fleesch un Beene!
Die Berliner allzumal
Sprechen jar zu scheene.

Sonntägliches
Reiten im Grunewald

# Da kann ja jeder kommen

> Was heißt Carrière machen anders, als in Berlin leben und was heißt in Berlin leben anders, als Carrière machen. *Theodor Fontane*

Da kann wirklich jeder kommen. Berlin ist eine Stadt zum Ankommen, eine Stadt aus Leuten, die hier ankommen. Mancher arriviert auch: das ist das Gegenstück zur Kunst, sich französisch zu empfehlen, aber eine Empfehlung ist es allemal. Nicht jeder Arrivierte kommt in Berlin an, aber eine Menge unter denen, die hier ankommen, arrivieren auch. Die Hohenzollern waren so ein Fall, Hegel ein anderer, Brecht, zwar in Augsburg geboren, kam in Berlin »zur Welt«, ähnlich erging es Ödön von Horváth, und auch Willy Brandt ist in Berlin das geworden, was er heute in Bonn ist: ein verdienter Staatsmann.

Berlin ist nicht eigentlich eine Reise wert, aber eine Ankunft allemal. Das weitere findet sich. Nehmen wir Giovanni. Aus Paestum in Süditalien, wo eine ganze Menge neues touristisches Leben aus den griechischen Ruinen wächst. Der war da unzufrieden, die Saison zu kurz, die Verdienstspanne zu knapp, die Großstadt zu fern. Wie es denn in Berlin wäre, mit einem italienischen Lokal? Unsereins riet ihm ab, er hörte nicht darauf. Längst ist er eingesessen, die Kinder sprechen nicht nur deutsch, sondern berlinisch, das Lokal geht so gut, daß man manchmal schon gar nicht mehr hinmag, weil es zu voll ist; die Verwandtschaft ist nachgerückt, die Gerichte, die Gewürze, ein rosa Panorama, die Korbflaschen erinnern noch an den Süden, Giovanni mag nichts mehr davon wissen:

er lebt jetzt – und arbeitet in Berlin. Und während die Pizza zur Berliner Selbstverständlichkeit wird, werden die Pizzabäcker zu Berlinern: Quattro Stagioni. Oder nehmen Sie die junge Dame von 21 Jahren, die nach Berlin kommt, und hat binnen eines Tages ihr Glück gemacht. Sie hat Schweres hinter sich, Krieg,

Wirtschaftskrise, und nun auch noch einen Verkehrsunfall, aber kaum ist sie in der Stadt, findet sie nicht nur einen Mann, sondern auch sogar den richtigen. Nicht, als ob ihr die Unterbringung in Berlin gut gefiele, nicht, als ob ihr der Lärm der Großstadt nicht auf den Wecker gegangen wäre, nicht, als ob der Zukünftige nicht noch allzuviel mit seiner unbewältigten Vergangenheit zu tun hätte: aber nach knapp zwölf Stunden ist alles beschlossen, Heirat, Hochzeit, Glück und Glamour. So schnell geht dergleichen bei jungen Leuten in Berlin. Der Name der jungen Dame sei der Diskretion des Lesers befohlen: Minna von Barnhelm.

Berlin ist für Deutschland, was für Europa lange Zeit Amerika war, und für Amerika eine Zeitlang der Wilde Westen: eine Möglichkeit, eine Chance, neu anzufangen, die Attraktion des Unbekannten, das konkrete Abenteuer, nicht nur der »Ort für Zufälle«, als den Ingeborg Bachmann ihn beschreibt, sondern das große Gelegenheitsgeschäft; die Stadt war ein Leihhaus für Existenzmöglichkeiten, hier wurde Zukunft getrödelt, hier waren Aussichten zu genießen, ohne daß man auf Türme stieg, hier war für den, der's zu nutzen verstand, was gefällig.

Da fährt zum Beispiel ein Mann aus Stettin nach Amerika, und die Frau bleibt mit ihren fünf Kindern nun zwar im übertragenen Sinn sitzen, aber keineswegs auf der Stelle; sie fährt dem Kerl nach, aber eben nicht über den Ozean, sondern schlicht nach Berlin. Einer der Söhne beschreibt später die Ankunft in Berlin: »Also, ich bin vor vierzig Jahren nach Berlin gekommen, nachdem ich vorher geboren bin. Ich kam in Berlin in einem Zustand an, der sich nicht sehr unterscheidet von meiner Geburt, zehn Jahre vorher, in Stettin. Es war gewissermaßen eine Nachgeburt. Es hat aber keiner was davon gemerkt. (Ich bin ja wirklich in Stettin nur vorgeboren.) Wir fuhren also von Stettin nach Berlin. Meine Mutter unterhielt sich im Zug mit Leuten, die die Stadt kannten. Unsere Gegend, die Blumenstraße, wurde sehr schlechtgemacht, da sind viele Fabriken und Rauch, das Gespräch war sehr lebhaft und in einem Fluß. Ich wagte nichts zu sagen, genauer, etwas zu fragen. Ich saß in Geburtswehen. Mir wurde bang und bänglicher. Es betraf meinen Bauch. Die Wehen nahmen an Heftigkeit zu. Und als wir uns den Häusern Berlins näherten, war ich am Ende meiner Kraft. Ich stand am Fenster, es war finster, spätabends, ich gab nach. Das Kind war da, es lief in meine Hose, mir wurde wohler, ich stand in einer Pfütze. Dann setzte ich mich beruhigt. Nachher fuhren wir durch die fremde große Stadt, und da geschah das zweite Wunder. Wir setzten uns in einen Zug auf einem hellen Bahnhof. Der fuhr ab, durch die Nacht, fuhr ein paar Minuten, dann hielt er, und – wir waren wieder auf demselben Bahnhof. Ich glaubte mich zu irren. Aber das Spiel wiederholte sich zwei-, dreimal. Wir fuhren, derselbe Bahnhof kam, und nachher stiegen wir aus und waren bald zu Hause. Ob wir im Kreis gefahren sind? Aber warum und wozu, und schließlich sind wir doch angekommen. Erst als gereifter Mann habe ich den rätselhaften Vorgang durchschaut. Es wurde mir klar und klarer: wir waren Stadtbahn gefahren. Die Bahnhöfe sehen sich abends ähnlich in Berlin, besonders wenn man aus Stettin kommt...« Der kleine Junge hat sich später in Berlin den Namen gemacht, den er damals nur trug: Alfred Döblin.

Eine Stadt für Ankünfte. Eine Stadt aus Bahnhöfen. Wer in Berlin nicht Bahnhof versteht, versteht die Stadt nicht. Das gilt sogar noch heute, nachdem auch die Weltgeschichte hier Station gemacht hat und von den Berliner Bahnhöfen nur noch zweieinhalb übriggeblieben sind: Der Ostbahnhof im Osten, der Bahnhof Zoo im Westen und der Bahnhof Friedrichstraße in der Schwebe.

Wie bitte?

Wo bitte?

In der Schwebe?

Ja, vieles in Berlin ist derzeit in der Schwebe.

Aber halten wir uns zunächst einmal an Bornike, an den Briefträger Bornike, der gut hundert Jahre vor der Erfindung des Hausbriefkastens seines Amtes gewaltet hat und davon so zerstreut geworden war, daß er nicht nur die Briefe, sondern auch die Wörter immerzu durcheinanderbrachte. Als er zum Beispiel um die Hand von Fräulein Karoline Kleisich anhalten will, führt er sich bei deren Vater mit dem Satz ein: »Ich komme eijentlich in einer wichtigen Tochter, wie Ihnen Ihr Fräulein Anjelejenheit jesagt haben wird.« Dieser Bornike ist in die Berliner, ja in die deutsche Bahnhofsgeschichte eingegangen mit einer verrückten Vokabel, die nirgendwo als in Berlin hat erfunden werden können: mit der grotesken »allerhöchsten Eisenbahn«. Er sagt nämlich, als er seinen Antrag gemacht hat und sich plötzlich seiner Pflichten wieder erinnert: »Ein ander Mal mehr, jetzt muß ich fort! Es ist die allerhöchste Eisenbahn, die Zeit ist schon vor drei Stunden anjekommen.« Die allerhöchste Eisenbahn – damit hat der Schöpfer dieses Konfusionsrates, der Berliner Journalist Glaßbrenner, den Zug einer Zeit auf den kürzesten Nenner gebracht, die für Berlin wahrhaft bahnbrechend war. Und eine andere Glaßbrenner-Figur ereifert sich in einem *»Gespräch über Eisenbahnen«* gegenüber ein paar Skeptikern, die da geltend machen, daß »die Existenz der Städte mehr an die Durchpassage gebunden ist«, folgendermaßen: »Sie rejen mir uf. Um mit Ihn' zu streiten muß man die Jeduld von des janze deutsche Volk zusammenjenommen haben. Un wenn heute ein Jott von'n Himmel runterstieje, ihr knabbertet ihn so lange mit Könntes und Vielleichts an, det keen Knochen von ihm übrigbliebe. Erklären des Jrosse und Göttliche in de Eisenbahnen, des kann ich nich; wer de Eisenbahnen nich fühlt, der war ursprünglich zum Rindvieh jeboren un is bloß aus Versehen Mensch jeworden!«

Die Berliner haben von ihren Bahnhöfen immer mit einer gewissen familiären Herzlichkeit gesprochen, vom Lehrter, Potsdamer, Görlitzer, Stettiner, vom Schlesischen, der heute der Ostbahnhof ist. Sie haben ihnen fast immer den Zusatz Bahnhof erspart; aber keiner unter ihnen allen wurde mit so viel

Zärtlichkeit genannt wie »der Anhalter«. Kein anderer hatte so sehr den Beiklang azurener Weltläufigkeit, reisefiebriger Bewegtheit wie der Anhalter Bahnhof, der für Berlin »das Tor in die blaue Ferne« war, Ausgang für alle, die im Süden das Weite suchen wollten. Doch der Anhalter war mehr als ein Bahnhof, er war ein hauptstädtisches Monument, »die Mutterhöhle der Eisenbahnen« (wie Walter Benjamin ihn genannt hat).
Wer vom Lande kam, hatte es nicht leicht. Man nehme den Herrn Kortüm. Seht, wie er siegessicher nach Berlin kommt: »Kortüm hatte ausreichend Geld eingesteckt, das Wetter war klar und sonnig. Zur rechten Zeit kamen sie auf dem Anhalter Bahnhof an. In einer Stadt wie Berlin sieht sich niemand nach einem Herrn Kortüm um. Hier kommen ganz andere Reisende an, aus China, aus Lappland. Kortüm, ein gemessen einherschreitender Herr, machte vorläufig keinen Eindruck auf die ihm begegnenden Einwohner der Hauptstadt, eher noch der ihm mit dem Koffer in der Hand vorausgehende Stannebein, welcher, gröblich die Menge zerteilend, seinem Herrn den Weg zum nahen Hotel bahnt.« Das Excelsior, wo Kurt Kluge seinen merkwürdigen Helden Quartier nehmen ließ, eins der elegantesten Hotels in Berlin, eine von den etwa hundert Unterkünften in der Umgebung des Anhalter Bahnhofs, steht nicht mehr. Der Fußgängertunnel, der vom Bahnhof aus dorthin führte, ist mit rostigem Gitter versperrt, Schutt auf den Treppen, schlammiges Wasser im Gang unter der Straße. Dabei war alles auf größere Dauer berechnet; niemand hätte bei der Einweihung im Jahr 1880 gedacht, daß das Leben eines Bahnhofs nach menschlichem Maß sich vollende und achtzig Jahre währe, wenn es hoch kommt. Vor der Dynamik der Zeit werden die Gesetze der Statik zunichte, und die stärksten Fundamente halten nicht den Erschütterungen der Geschichte stand. Der den Bahnhof unter Dach brachte, schrieb voller Stolz in seiner Autobiographie: »Später, als ich im Jahr 1872 auf das Neubaubureau der Berlin-Anhalter Bahn übersiedelte, begünstigte mich das Glück noch mehr, und ich erhielt eine Auf-

gabe, die in dieser Ausdehnung auf dem ganzen Kontinent noch nicht vorgekommen war, nämlich die Konstruktion des eisernen Daches der mächtigen Ankunftshalle, das eine Spannweite von 62½ Metern besitzt. Wem die Straße Unter den Linden in Berlin bekannt ist, der kann sich davon eine Vorstellung machen, denn die Breite dieser Straße beträgt 60½ Meter.« Der Dachkonstrukteur war Heinrich Seidel, Ingenieur nur im ersten Abschnitt seines Lebens, später ganz Schriftsteller, Idylliker. Sein *»Leberecht Hühnchen«* hat das Dachgerüst überdauert. Während er am Anhalter Bahnhof mitbaute, beschäftigte er sich nebenbei »eifrig mit den poetischen Werken von Adalbert Stifter, Mörike, Storm, Keller, Swift, Dickens und Poe«. Dichtung und Technik waren ihm noch zweierlei Welten, und das Prinzip der Montage kannte er nur als Ingenieur; Schriftsteller montierten noch nicht.
Es war im Sommer 1940, ein übermütiger Tag, sonnig, klarer Himmel, flimmernde Luft, gegen Mittag wurde es warm. Ins Grün der Bäume knallte das Rot der Hakenkreuzfahnen. Am Anhalter Bahnhof standen die Menschen zu Zehntausenden. Ein Hektar Menge mindestens, die grausame Metapher Menschenmaterial füllte sich mit Fleisch und Blut. Die Vorderzimmer sämtlicher Hotels in der Möckernstraße und am Askanischen Platz waren belegt, die Schaulust hing mit vielen hundert Köpfen aus den Fenstern. Hitler kam an in Berlin, er war auf dem Höhepunkt seiner aberwitzigen Macht, im Triumph, der schon alle Anzeichen von Hysterie hatte, zog er ein in die Reichshauptstadt.
Der Anhalter war seit Jahrzehnten ein großer Bahnhof gewesen, man hatte sich angewöhnt, mit ihm Staat zu machen, aber früher hatten sich die Empfänge in Grenzen gehalten. Zum Beispiel 1913, am 21. Mai, bei der Hochzeit der einzigen Tochter des Kaisers. Da heißt es in einem zeitgenössischen Zeitungsbericht: »Der Zar wird erwartet. Der mehr familiäre Einzug des Herzogspaares von Cumberland wandelt sich bei der Ankunft des Kaisers Nikolaus von Rußland in ein offizielles militärisches Gepränge, dessen glänzende Pracht die Her-

ren der französischen Botschaft von ihrem Balkon aus nun aus erster Hand genießen können. Zur Ankunft des Kaisers Nikolaus war der Anhalter Bahnhof mit russischen, deutschen und preußischen Fahnen und mit Palmen und Lorbeerbäumen reich geschmückt. Um 11½ Uhr meldete das Signal die Ankunft des Hofzuges mit dem Zaren, der heute zum erstenmal in den Mauern Berlins weilt. Die Ehrenkompagnie präsentierte unter den Klängen der russischen Nationalhymne. Der Kaiser, in der Uniform des Petersburger Leibgarde-Grenadier-Regiments, schritt seinem hohen Gast, der die Uniform des Kaiser-Alexander-Gardegrenadier-Regiments Nr. 1 trug, entgegen und begrüßte ihn aufs herzlichste.«

Auch damals war es noch geheuer, Anfang der dreißiger Jahre, als Landgraf, einer der ersten deutschen Rundfunkreporter, auf dem Anhalter Bahnhof stand, um über die Ankunft irgendeines Staatsmannes zu berichten. Es war die Frühzeit des Rundfunks, man übertrug solche Reportagen sofort (hatte noch keineswegs nötig, sie mit einem Fremdwort als Livesendung zu bezeichnen), aber der Zug mit dem hohen Besucher hatte Verspätung, eine immer noch wachsende Verspätung, so daß dem Mann nichts übrigblieb als weiterzusprechen, die Minuten und die Viertelstunden selbstredend zu fristen, vom Mund in die Hand zu leben, in der er das Mikrofon hielt. Da gingen ihm wohl die Augen auf für den Kosmos dieses Bahnhofs, für die grandiose Spannkraft der Halle, für die massiven Rundbögen eines unerschrockenen, aber wohlproportionierten Eklektizismus, für den Kontrast der gelben Klinker mit dem Schwarzgrau der Stahlträger und für die hundert kleinen Nuancen von Willkommen und Abschied. Möglich, daß die Rhapsodie, die da aus Verlegenheit gezeitigt wurde, endlich sich im Undeutlichen verlor wie die Spur der Gleise, kurz, es geschah, daß ein durchtriebener Kollege dem Gepeinigten einen Zettel hinschob mit dem Satz: »Landgraf, werde hart!«

Aber nun, 1940, nach dem Frankreich-Feldzug, war keine Zeit mehr für Pointen.

Zu Hitler war selbst Karl Kraus nichts eingefallen oder doch nur das ohnmächtige Wort von den Untergangstern des Abendlandes. In der Erinnerung des Augenzeugen am Anhalter Bahnhof bewahrt sich die Vision eines röhrenden Jubels, eines unendlichen Heilrufes, einer entgeisterten Hochstimmung, einer somnambulen Hingerissenheit angesichts des uniformierten Mannes, der mit der Starrheit eines Pantomimen in seinem Auto stand; nicht alle Provinzler kamen an wie Herr Kortüm. Im Hotelzimmer waren Beamte erschienen, Sicherheitspolizisten, sie hatten die Ausweise kontrolliert und in Stichproben Leibesvisitationen gemacht. Der Zeuge des Empfangs, jung noch, kaum ein Hitlerjunge, begriff nicht, und die Erwachsenen mußten es ihm erklären: Es werde nach Waffen gesucht, damit niemand den Führer erschieße. Fünf Jahre später erschoß Hitler sich selbst.
Am 7. Mai 1952 fuhr der letzte Zug hier ab. Damit war die Bahnhofsmission erfüllt, der Anhalter wurde zur Endstation seiner selbst. Er war im Krieg beschädigt, gewiß, auch die Eroberung Berlins hatte ihre Spuren hinterlassen, aber der Anhalter ist nicht an diesen Zerstörungen zugrunde gegangen, sondern an seiner Sinnlosigkeit. Es kamen keine Züge mehr an.
Der Erbauer des Anhalter Bahnhofs ist Franz Heinrich Schwechten (1841–1924), von dem auch die Bahnhöfe in Dessau und in Wittenberg stammen. Schwechten ist der Schöpfer der Berliner Gedächtniskirche, er hat das Kaiserschloß in Posen, die Deutsche Kirche in Rom, die alte Berliner Philharmonie und die Rheinbrücke in Mainz gebaut.
Bismarck und Stresemann, der Zar und Molotow, der Apostolische Nuntius Eugenio Pacelli, der später Papst Pius XII. wurde, und drei deutsche Kaiser sind in diesem Bahnhof ein- und ausgegangen. Und auch die hunderttausend Reiselustigen, die erst den Bahnhof zur Welt machten. Und auch die hunderttausend Berliner, die hier ein paar Minuten lang Urlaub vom Alltag nahmen und ihr Fernweh auszuheilen versuchten. Wie war es mit Fabian, dem Moralisten Erich Kästners?

»›Wollen Sie eine Stulle haben?‹ fragte der Mann im Kiosk. ›Eine Woche reicht's schon noch‹, sagte Fabian, bedankte sich und ging zum Bahnhof hinüber. Er studierte den Fahrplan. Sollte er vom letzten Geld ein Billett kaufen und zur Mutter kutschieren? Aber vielleicht wußte Zacharias morgen einen Ausweg? Als er aus dem Bahnhof trat und wieder diese Straßenfluchten und Häuserblocks vor sich sah, dieses hoffnungslose, unbarmherzige Labyrinth, wurde ihm schwindlig. Er lehnte sich neben ein paar Gepäckträgern an die Wand und schloß die Augen. Doch nun quälte ihn der Lärm. Ihm war, als führen die Straßenbahnen und Autobusse mitten durch seinen Magen. Er kehrte wieder um, stieg die Treppe zum Wartesaal hinauf und legte dort den Kopf auf eine harte Bank. Eine halbe Stunde später war ihm wohler. Er ging zur Straßenbahnhaltestelle, fuhr nach Hause, warf sich aufs Sofa und schlief sofort ein.«

Heute ist der Anhalter, bis auf ein rührendes Stück Portal, dem Erdboden wieder gleichgemacht. Denn da die Gleise kurz vor der Endstation den Landwehrkanal und etliche große Straßen überqueren mußten, hatte man die Bahnsteige erhöht. Sie lagen in der zweiten Etage, um viereinhalb Meter hatte das Gleisterrain aufgeschüttet werden müssen. Dieser Bahndamm vor allem war es gewesen, der den Bau des Anhalters über fast acht Jahre, von 1872 bis 1880, ausgedehnt und die (damals) ungeheure Summe von 14,1 Millionen Mark, allein 5,3 Millionen Mark für den eigentlichen Innenbahnhof, verschlungen hatte. Der Neubau war damals dringend erforderlich, da die alte Bahnhofsanlage aus dem Jahr 1841, die von der Berlin-Anhaltischen Eisenbahngesellschaft errichtet worden war (daher auch der Name Anhalter Bahnhof), dem rasch anschwellenden Eisenbahnverkehr nicht mehr gewachsen war. Auch in der Literatur spiegelt sich immer stärker der Enthusiasmus über das Vorschnellen der neuen Verkehrsmittel.

»Bitte, meine gnädigste Frau, treten Sie hier heran, nur einen Augenblick, oder erlauben Sie mir, daß ich Sie bis ans Fenster führe. Wieder ganz herrlich heute. Sehen Sie doch nur die verschiedenen Bahndämme, drei, nein, vier, und wie es beständig darauf hin und her gleitet ... und nun verschwindet der Zug da wieder hinter einer Baumgruppe. Wirklich herrlich! Und wie die Sonne den weißen Rauch durchleuchtet! Wäre der Matthaei-Kirchhof nicht unmittelbar dahinter, so wäre es ideal.« Der Geheimrat Rummschüttel sagt es zu Effi Briest, die nach der Trennung von ihrem Mann dicht beim Anhalter Bahnhof wohnt, »in der Königgrätzer Straße, zwischen Askanischem Platz und Halleschem Tor«. Die Königgrätzer Straße wurde in den zwanziger Jahren nach Stresemann umbenannt. Tausend Jahre lang hieß sie dann Saarlandstraße, heute ist es wieder die Stresemannstraße.

Rasch kommt, auf Straßenschildern, die Geschichte wieder zur Vernunft.

# Erfindungsgeist

Da stand er in der Stadt Berlin
auf von dem kleinen Tisch.
Keiner der Gäste kannte ihn,
da fing er an den Hut zu ziehn:
Not macht erfinderisch. *Erich Kästner*

Typisch ist die Sache mit Achard. Franz Karl Achard, am 28. April 1753 in Berlin geboren, nach einigen Quellen Physiker, nach anderen Chemiker, entdeckt zu Beginn des 19. Jahrhunderts so etwas wie den Stein der Weisen. Er will nicht künstliches Gold machen; dazu ist er zu aufgeklärt. Aber er will den Leuten in Preußen und Berlin das Leben im wahrsten Sinn des Wortes versüßen: er stellt Versuche an, aus Rüben Zucker zu gewinnen, damit das Land vom teuren indischen Rohrzucker unabhängig wird. Die Engländer, die vom Zuckergeschäft am kräftigsten profitieren, bekommen von den Experimenten Wind: im Jahr 1800 bieten sie Achard unter der Hand 50000 Taler, wenn er erkläre, daß seine Versuche gescheitert seien. Die Summe wird zwei Jahre später auf 200000 Taler erhöht. Aber Achard läßt sich auf die Bestechung nicht ein: 1801 hat er auf dem ihm vom König überlassenen Gut Kunern in Schlesien die erste Fabrik für Rübenzucker gebaut. Not macht erfinderisch: jetzt schießen die Rüben ins Kraut.

Not macht erfinderisch; und wann hätte es den Berlinern an der gefehlt? Da gibt es die Wirtschaftskrise in Berlin im Jahr 1763. Da gibt es 1816 »Hungersnot und Arbeitslosigkeit in Berlin«, und 1859 ist »eines der schwersten Notjahre für die Berliner Industrie«. Der Erfindungsgeist fand hier viel Nährboden. Berlin hieß Not. Berlin machte erfinderisch. Berlin hieß: das Erfinden erfinden. Denn die

3 5
3 7
34
SIEMENS
345
Industrie in Berlin

Not, die erfinderisch macht, ließ sich durch Erfindergeist weitgehend bannen: »Der Leutnant Werner von Siemens, der sich durch allerlei Erfindungen eine Einnahme zum Unterhalt seiner vielen Geschwister zu verschaffen sucht, trägt sich mit dem Problem, eine Flugmaschine durch Schießbaumwolle-Explosion zu betreiben.« Das war 1846. Als er noch nicht Leutnant war, sah die Sache so aus: »Der aus dem Hannoverschen stammende Werner Siemens wandert zu Fuß nach Berlin, übernachtet in der Knopfmacherherberge und meldet sich dann zum Militär.« Später heißt er Werner von Siemens, und er schreibt seinem Bruder nach London:

»Hoffentlich ist dein Sonnabendfest ebenso gut ausgefallen wie mein Großer Ball. Das elektrische Licht hat sich prächtig bewährt. Es waren vier Kerzen in großen Milchglocken in den vier Saalecken auf den Wasserheizungssäulen aufgestellt. Das Licht war durchaus nicht blendend und ganz angenehm. Die Damen sahen prächtig aus in ihren Toiletten und Brillanten, und die Damenaugen glänzten auch wider Erwarten in vollem Glanze! Das Wichtigste aber war, daß die Temperatur angenehm blieb bis zum Ende (2½ Uhr), während bei Gaslicht trotz Ventilation alle halbe Stunde geöffnet werden mußte ... Das Urteil war, daß große Bälle ohne elektrische Beleuchtung künftig undenkbar seien.«

Heinrich Mann parodiert solchen technologischen Gesellschaftsrummel wenige Jahre später in seinem Roman *»Im Schlaraffenland«*. Der reiche Konsul Türkheimer hat Gäste:

»... er näherte sich einem Kreis von Leuten, die mit erhobenen Nasen schnupperten. ›Gebirgsluft, was?‹ sagte er: ›Noch ein bißchen zu dünn, aber es wird schnell besser werden.‹

Und er erklärte, daß er hier, wie schon früher in den Salons, einige Schläuche mit Oxygen habe leeren lassen. ›Ein ganz neues technisches Verfahren, die Wissenschaft macht doch kolossale Fortschritte. Für kaum tausend Mark hat man den ganzen Abend die reinste klimatische Höhenkur im Haus.‹

›Für tausend Mark Luft!‹ rief Lizzi Laffé entzückt.
›Tausend Mark sind für mich Luft, wenn es sich um das Behagen meiner Gäste handelt‹, versetzte Türkheimer mit einer galanten Verbeugung.«
Aber den Autoren fallen nicht nur Parodien ein, sondern auch Erfindungen selbst. Kleist entwirft in seinen 1810 gegründeten *»Berliner Abendblättern«* eine Art Schnellpost, die er Bombenpost nennt und am 10. Oktober unter dem Titel *»Nützliche Erfindungen«* unter anderem wie folgt beschreibt:
»Man hat, in diesen Tagen, zur Beförderung des Verkehrs innerhalb der Grenzen der vier Welttheile einen elektrischen Telegraphen erfunden; einen Telegraphen, der mit der Schnelligkeit des Gedankens, ich will sagen, in kürzerer Zeit, als irgendein chronometrisches Instrument angeben kann, vermittelst des Elektrophors und des Metalldrahts, Nachrichten mittheilt; dergestalt, daß wenn jemand, falls nur sonst die Vorrichtung dazu getroffen wäre, einen guten Freund, den er unter den Antipoden hätte fragen wollte: wie geht's dir? derselbe, ehe man noch eine Hand umkehrt, ohngefähr so, als ob er in einem und demselben Zimmer stünde, antworten konnte: recht gut. So gern wir dem Erfinder dieser Post, die, auf recht eigentliche Weise, auf Flügeln des Blitzes reiten, die Krone des Verdienstes zugestehen, so hat doch auch diese Fernschreibekunst noch die Unvollkommenheit, daß sie nur, dem Interesse des Kaufmanns wenig ersprießlich, zur Versendung ganz kurzer und lakonischer Nachrichten, nicht aber zur Übermachung von Briefen, Berichten, Beilagen und Paketen taugt. Demnach schlagen wir, um auch diese Lücke zu erfüllen, zur Beschleunigung und Verfielfachung der Handels-Communikatione, wenigstens innerhalb der Grenzen der cultivierten Welt, eine Wurf- oder Bombenpost vor; …
Da man auf diese Weise, wie eine kurze mathematische Berechnung lehrt, binnen Zeit eines halben Tages, gegen geringe Kosten von Berlin nach Stettin oder Breslau würde schreiben oder respondieren können, und mithin, verglichen mit unseren reitenden Posten, ein zehnfacher Zeitgewinn entsteht oder es eben soviel

ist, als ob ein Zauberstab diese Orte der Stadt Berlin zehnmal näher gerückt hätte: so glauben wir für das bürgerliche sowohl als handeltreibende Publicum, eine Erfindung von dem größesten und entscheidensten Gewicht, geschickt, den Verkehr auf den höchsten Gipfel zu treiben, an den Tag gelegt zu haben.«

Was Kleist sich da mittels Mörsern und Kanonen ausdenkt, wird erst gut fünfzig Jahre später innerhalb Berlins, als Rohrpost, zwischen dem Haupttelegraphenamt und den einzelnen Telegraphenämtern installiert. Aber die telegraphische Nachrichtenübermittlung, von der Kleist spricht, funktioniert zu seiner Zeit, und so global, noch keineswegs. Als am 5. Mai 1821 Napoleon auf St. Helena stirbt, braucht die Todesnachricht, die mit einem Eilsegelschiff nach London überbracht wird, bis zum 12. Juli – mehr als zwei Monate –, ehe sie in Berlin publik wird.

Aber daß auf Tempo gesehen wird, das kennzeichnet den Berliner Erfindungsgeist das ganze 19. Jahrhundert hindurch, kennzeichnet wohl auch den sich steigernden, zum immer größeren Alla breve anlaufenden Rhythmus der Stadt. 1834 baut der Major F. A. O. Etzel eine Telegraphenlinie von Berlin nach Koblenz; was der Militär sich da ausgedacht hat, zeugt allerdings noch von keinem Funken Elektrizität, sondern beruht auf einem Signalsystem, das über 61 Stationen, deren benachbarte jeweils in Sichtweite lagen, weitergeleitet wurde. 1847 konstruiert Siemens einen Zeigertelegraphen, der zuerst bei der Bahn, später für militärische Zwecke Verwendung findet. 1849 gründet Wolff sein Telegraphenbüro in Berlin, Vorläufer der heutigen Nachrichtenagenturen. Am 28. März wurde über den zwischen Berlin und Frankfurt am Main verlegten Telegraphendraht die Wahl Friedrich Wilhelms IV. zum Kaiser telegraphiert. Berlin war ein Stück weiter auf dem Weg zur Gleichzeitigkeit, zur Simultanbühne für Weltgeschehen. Dieser technische Rekord ist ein historisches Flop: Wilhelm IV. nahm die Wahl nicht an.

1877 ist das erste deutsche Telegraphennetz fertig, das 1477 Kilometer Kabel umfaßt. Und im gleichen Jahr holt sich der Generalpostmeister ein paar der ersten Telephone aus Amerika und telefoniert am 31. Oktober nach Magdeburg. Mit wem und worüber? Wer weiß.

Berlin ist in der zweiten Hälfte des vergangenen Jahrhunderts im wahrsten Sinne des Wortes elektrisiert. Mit Dampfmaschinen war die Stadt nicht gesegnet, die Unternehmer waren für die Anschaffung zu knickrig, und die Regierung war zögernd mit Subventionen – aber dieses Nachhinken hat fast eine technologische Folgerichtigkeit: Berlin war nicht für den Dampf, Berlin schwamm, sozusagen, mit dem Strom. Die Elektrizität fühlte sich hier zuhaus. Und immer wieder war Siemens auf Draht. Er entdeckte das »dynamo-elektrische Prinzip«, und nun war kein Halten mehr. Die Starkstromtechnik kam über Berlin, 1880 hebt sich der erste elektrische Aufzug, und 1881 rollte die erste elektrische Straßenbahn der Welt durch Lichterfelde.

Berliner Erfindungsgeist machte sich aber auch immer wieder in kleinen Dingen nützlich. So erfindet 1822 ein Herr namens Christian Friedrich Ludwig Buschmann die Ziehharmonika, der er den poetischen Namen »Hand-Aeoline« gibt. So denkt sich 1826 ein Konditor namens Hildebrand ein Vanilleschokoladepulver aus, und 1834 konstruiert die Berliner Bandagistin Caroline Eichler eine durch die gesunde Schulter gesteuerte und von Schnüren bewegte künstliche Hand. (»Sie wird«, so heißt es in unserm Quellenbuch, »1843 von ihrem geschiedenen Mann erstochen.«) Eine andere Dame, Marie Trenn, ersinnt einen Wegmesser, der dafür sorgen sollte, daß die Droschkenkutscher bei der Abrechnung nicht zu weit gingen. 1873 erfindet ein Maurer namens Rabitz das, was man vielleicht den Resonanzboden für unsere heutige Hellhörigkeit (in den Wohnungen) nennen kann: die Rabitzwand.

Man mußte auch nicht alles selbst erfinden; man mußte nur auf dem laufenden sein. 1855 stellt der frisch nach Berlin gekommene Ernst Litfaß, Buchdrucker aus Leipzig, die ersten nach Pariser Muster geformten Plakatsäulen auf, die bis heute als Grundpfeiler unseres reklametüchtigen Jahrhunderts, seinen Namen tragen. So viele Denkmäler gibt es für keinen zweiten. Daß 1867 in Berlin die erste deutsche Fabrik für amerikanische Papierwäsche eröffnet wurde, sei als Kuriosum vermerkt.

Die Stadt, die auf sanitärem Gebiet so rückständig war, daß es überhaupt keinen Anlaß gibt, den Satz »Das ist die Berliner Luft, Luft, Luft« anders denn als bösen Spott zu nehmen, als ironischen Hinweis auf den Gestank, der durch die nichtkanalisierten Straßen des neunzehnten Jahrhunderts giftete und aus den Häusern kam, deren Gruben in Wagen entleert werden mußten, diese Stadt, in der erst 1876 die ersten Rohrleitungen und Kanäle in Betrieb kamen, sie wurde wohl notgedrungen dann auch zu einer der Hauptstädte der Medizin, der Wissenschaft (noch nicht der Praxis) von der Hygiene, und sie war, wenn auch nicht immer offiziell, beteiligt an jener Form des Gesundheitswesens, die je nach Standpunkt mit Sozialfürsorge oder Erhaltung der Arbeitskraft, aber beide Male unzureichend beschrieben wird: Gesundheit und »Sociales« wird in jenen Tagen zum Synonym; die abgewendete Epidemie wird zum abgewendeten Aufruhr. Nicht umsonst spricht man (gelegentlich heute noch) vom Bazillus der Revolution. 1882 entdeckt Robert Koch den der Tuberkulose. Es ist das Jahr, als Ibsen das erste Stück über Umweltverschmutzung schreibt, das Drama vom Badearzt Stockmann, der entdeckt, daß die neu angelegte Badeanstalt seiner Stadt verseucht ist, und der dafür von seinen Mitbürgern zum *»Volksfeind«* (so heißt das Drama) erklärt wird. Es ist das Jahr, in dem das erste *»Handbuch für Hygiene«* (von Pettenkofer) erscheint. Es ist das Jahr der ersten Hygieneausstellung; sie findet in Berlin statt. Die Zeitung damals berichtet:

»Es ist schon kurz erwähnt worden, daß am 30. Dezember Ihre Majestät die Kaiserin August geruht hatte, einer Ausschußsitzung der Hygieneausstellung zu präsidieren ... An erster Stelle berichtete der zweite Vorsitzende, Zivilingenieur Rietschel, über die Erfolge der ersten Schritte für das Zustandekommen der Aus-

stellung ... Ca. 30 größere Städte geben ein Bild von der Bewässerung und Entwässerung der Städte, von Schulen, Krankenhäusern usw. In hervorragender Weise beteiligte sich der Verein des Roten Kreuzes, der bayerische Verein zur Pflege und Unterstützung im Felde verwundeter und erkrankter Krieger, der Berliner Volksküchenverein, der Berliner Hausfrauenverein und Andere.«
Eine Reihe der berühmtesten Mediziner sind gegen Ende des 19. Jahrhunderts in Berlin versammelt: so Helmholtz, der 1850 den Augenspiegel erfand, Robert Koch, der, wie schon erwähnt, endlich der Tuberkulose auf die Spur kommt, und Rudolf Virchow, der nicht nur als Begründer der Zellularpathologie gelten kann, sondern sich auch, als Stadtverordneter in Berlin und später als Mitglied des preußischen Landtags, um die öffentliche Gesundheitspflege verdient gemacht hat. Er war Mitglied der Kommission, die das Berliner Abwässersystem durchsetzte. Zu seinen Werken gehört auch, neben so fachlich klingenden wie *»Handbuch der speziellen Pathologie und Therapie«*, eins mit dem Titel: *»Über den Hungertyphus«*.
Aber soviel gerade Virchow auf dem Gebiet der Sozialmedizin von Berlin aus und für Berlin geleistet hat, so war er doch in anderer Beziehung jenes Kind seiner Zeit, das im Manne steckt: eifersüchtig wachte er über dem Hauptprivileg seines Berufs: daß er Frauen nicht zugänglich war. So legt er als Mitglied des Kuratoriums des Viktoria-Lyzeums sein Veto ein, als eine junge Ärztin, die in Zürich promoviert hatte, von der Schulleitung gebeten wird, über Gesundheitslehre zu referieren. Als es doch zu den Vorlesungen kommt, tritt er aus dem Kuratorium aus. Die junge Doktorin, Franziska Tiburtius, hatte schon zu Beginn ihres Studiums in der Schweiz den Männerstolz kennengelernt; sie berichtete später: »Als wir eintraten« – (es war noch eine zweite Deutsche dabei) – »war der Saal dicht gefüllt, auch von den anderen Fakultäten zahlreiche Mitläufer, und es erhob sich ein wüster Lärm, Schreien, Johlen, Pfeifen usw.; da hieß es, ruhig Blut behalten. Neben dem großen Saal war ein kleiner Raum, der uns

angewiesen war zur Aufbewahrung der großen Schürzen und des übrigen Handwerkszeuges. Der Lärm dauerte an, und als wir doch an die Arbeit gehen wollten, war die Tür verschlossen – wir waren eingesperrt! Sehr unangenehme Lage! Nach einigen weiteren Minuten ganz plötzlich tiefste Stille! Endlich ward die Tür von einem jungen Polen geöffnet – tiefe Verbeugung – der Saal war ganz leer. Bald erschienen Professor Meyer und der Assistent, und man ging mit Ernst und Selbstverständlichkeit an die Arbeit ...«

In den achtziger Jahren richtete sie in der Alten Schönhauser Allee, mitten im Armenviertel des Berliner Nordens, eine Pflegeanstalt für erholungsbedürftige Patientinnen ein, eine Art Poliklinik, in der sich Frauen für einen Groschen je Konsultation behandeln lassen konnten. Die Räume dafür waren von einem Berliner Industriellen zur Verfügung gestellt worden; es handelte sich nicht um ein Luxusklinikum, sondern um eine kleine, halbdunkle Wohnung im Parterre eines Hinterhofs. »Die notwendige Einrichtung allereinfachster Art«, so hat es die Schwägerin von Franziska Tiburtius berichtet, »wurde bald beschafft, und wir waren besonders stolz und erfreut, als gleich die erste Sprechstunde zwölf Patienten brachte und es sich herausstellte, daß wirklich ein dringendes Bedürfnis vorhanden war. Die Zahl der Patientinnen nahm täglich zu. Schließlich durften nicht mehr als vierzig Frauen für eine Sprechstunde angenommen werden, da wir ohnehin bis in die sinkende Nacht zu arbeiten hatten.«

Not macht erfinderisch, und manchmal auch hilfsbereit.

Und dann das Kino. Es führt sich recht preußisch ein in Berlin; schlimmer, als es die Polizei erlaubte. Denn die erste amtliche Nachricht vom Film in Berlin wird als Polizeibericht überliefert: Der Behörde wird gemeldet, daß in einem Hinterhaus der Kaiserpassage (später die Passage Unter den Linden) ein Unternehmer Bilder vorführe, die allgemeinen Anstoß erregten: »eine Mannsperson hantiere mit einem Nachtgeschirr herum.« – Die Polizei ging der Anzeige, wie man so schön sagt, »auf den Grund« und findet einen Kinematographen mit folgender Story: Ein Mann wird im Schlaf von einer Maus gestört, er schlägt das Tier mit einem Pantoffel nieder und wirft es in den Nachttopf. Was sollte daran anstößig sein? Gewiß ist die Polizei befriedigt heimgekehrt: bei Pantoffelhelden ist kein »Einschreiten« nötig.

Aber ist denn so etwas möglich? Da baut sich 1894 ein Mann seinen eigenen Berg; ein Rappelkopf oder ein Alpenkönig? Es ist Otto Lilienthal, ein nüchterner, wenn auch passionierter Geist. 1888 hat er schon etwas konstruiert, was als Modellbaukasten in die Geschichte des Kinderspielzeugs eingegangen ist; aber nun will er hoch hinaus: Es ist eine etwas traurige Geschichte vom Fliegenlernen. Von seinem Flughügel aus setzt er frühere Luftsprünge fort; dort auch probiert er den ersten Zweidecker aus (der hängt jetzt im Deutschen Museum in München). Aber er treibt es zu weit, oder eben doch nicht weit genug: unsere Quelle meldet: »Der Pionier der Flugfahrt, Ingenieur Otto Lilienthal, der seit 1891 über 1000 Segelflüge gemacht hat, stürzt am 9. August in den Rhinower Bergen ab und stirbt am nächsten Tag in Berlin.« Schon für die ganz frühe Luftfahrt gilt, was auch eine Düsen-Wahrheit ist: Runter kommen sie immer.

Soll man das endlos ausspielen? Soll man auch noch von Knorr sprechen, der 1899 nicht etwa die gleichnamige Suppe, sondern die Eisenbahnschnellbremse erfunden hat, soll man noch den Regenmesser erwähnen, der der Menschheit im Jahr 1886 dank einem Berliner geschenkt wurde, soll das erste drahtlose Telegramm erwähnt werden, das 1913 zwischen Berlin und Amerika hin und her ging, oder greifen wir auf die elektrische Abstimmungsanlage zurück, die 1870 im Deutschen Reichstag installiert worden ist? Oder melden wir noch, daß 1917 zum erstenmal das Zeitzeichen von der Großfunkstation Nauen ausgesendet wurde? Vielleicht nur noch dies: 1938 entdeckte Otto Hahn hier die Spaltbarkeit des Urankerns. Er dachte sich nichts Böses dabei, nicht einmal viel Gutes. Aber für die Entdeckung, daß Dinge, die unteilbar scheinen, sich teilen lassen, ist das keine unangemessene Gegend.

# Das Berliner Jahrzehnt: Die Zwanziger Jahre

Waren die zwanziger Jahre wirklich so zwanzig?
*Theodor W. Adorno*

Die zwanziger Jahre fanden vor allem in Berlin und dank Berlin statt; kein Wunder, daß dieses glänzendste Jahrzehnt auch berlinische Dimensionen hatte: es dauerte dreizehn Jahre, vom 9. November 1919 bis zum 27. Februar 1933, vom Tag der Ausrufung der Revolution bis zum Reichstagsbrand. Man kann aber auch sagen, daß die zwanziger Jahre gar nicht stattgefunden haben, daß sie eine glanzvolle Illusion waren, die über die Komplizenschaft von wilhelminisch geprägtem Untertanengeist und Faschismus sich selbst hinwegtäuschte.
Dennoch: die zwanziger Jahre waren die erste wirkliche Berliner Zeit, die erste Berliner Welt-Zeit, die erste berlinische Epoche. Die Stadt, die es nicht gab, war endlich an der Zeit, die es eigentlich auch nicht gab. Es war die Frist, die man dem Leben abgewann nach den von Karl Kraus beschriebenen und ernst gemeinten *»Letzten Tagen der Menschheit«*. Es war die Bedenkzeit des Jahrhunderts, die Bewährungsfrist für Zeitgenossen, die aus Schützengräben oder Konventionen aufgetaucht waren. Es war ein Jahrzehnt, das als Revolution begann und mit dem Tonfilm endete, das mit dem Quickstep anfing und zuletzt den Stechschritt auf die Beine brachte, ein Jahrzehnt, das den Zauberberg und das Radio in Betrieb nahm, das Marlene Dietrich und Franz Biberkopf hinausschnellte in jenen Weltraum, der damals noch Weltruhm hieß; ein Jahrzehnt, das die herr-

lichste Prosa zeitigte und doch auch den Analphabetismus eines Mannes, der immer »trotzdem« für »obwohl« schrieb und trotzdem zu Beginn der nächsten Zeit die Sprache regeln konnte.
Die zwanziger Jahre waren ein Triumph der Zeitlosigkeit, die zu einer dynamischen Universalität aufgeputschte Frei-Zeit, eine aufregende Spanne Geistesgegenwart. Sie waren eine Großveranstaltung des Da-Seins und Dabei-Seins, und es wirkt wie ein Programm, daß man die Stadt 1920 selbst zu einer Riesensiedlung zusammengefaßt hatte: alle die einzelnen Bezirke und Vororte, diese gutgemeinten Dörflichkeiten, wurden jetzt eingerahmt, und der Rahmen hieß: Groß-Berlin.
Heinrich Mann schreibt 1921 seinen enthusiastischen Essay *»Berlin«*, in dem es heißt: »Berlin, heute ohne Glanz und Fülle, ist unvergleichlich schöner als vor den Katastrophen. Man muß es ihm leise sagen: das Schönste ist, daß es nichts davon ahnt. Die Katastrophen erlösten es, indem sie es entblößten. Die große Stadt war früher eingeengt in den eisernen Gürtel Militarismus. Die Monarchie stand Wache vor ihrer ›guten Stadt‹, die große Stadt lebte scheinbar von Gnaden der Monarchie. Jetzt lebt sie aus eigener Kraft und auf ihre eigene Verantwortung... Die ungeheure Menschenwerkstatt Berlin wird das kommende Geschlecht Deutschlands an sich ziehen in nie gesehenem Maße, und die nach seinem Geist Geformten bis in die entfernten Reichsteile zurückschicken. Die Vereinheitlichung Deutschlands wird, sicherer als durch Gesetze, durch die werbende Kraft des Zivilisationsherdes geschehen, der das zu sich selbst hinangewachsene Berlin ist. Ja, Berlin wird, so wenig es sich dies je träumen ließ, die geliebte Hauptstadt sein.«
Derselbe Heinrich Mann, Präsident der 1926 gegründeten Sektion Dichtung in der Preußischen Akademie der Künste, beschreibt später, wie er das Ende dieser goldenen Zwanziger erlebt, das ist im Frühjahr 1933: »Der Abend des Jüngsten Tages wird gewiß noch unterhaltsamer sein als mein letztes Berliner Fest, obwohl

es mäßigen Ansprüchen genügte. Die Verzweiflung so vieler öffentlicher Männer, begleitet von Musik und einer gleich köstlichen Verpflegung, gab mir noch tags darauf zu denken. Auch nahm ich mir die Zeit, meine Arbeiten zu ordnen im Hinblick auf ihre Fortsetzung anderswo. Das Reisegeld war auf der Bank noch erhältlich. Ich sei unter den ersten, hatte man mir gesagt, denen der Paß abgenommen werden sollte ... Das Haus, in dem ich mir unklugerweise eine Wohnung neu eingerichtet hatte, wurde ständig bewacht, gut damit. Als ich am übernächsten Tag, dem 21. Februar, wirklich abreiste, hätten Gepäck, Wagen und andere Anzeichen des versuchten Entkommens mich ohne weiteres ausgeliefert. Indessen trug ich nichts als einen Regenschirm – meinen letzten; Mr. Chamberlain zu Ehren habe ich ihn mir abgewöhnt. Zu Fuß ging ich nach der Haltestelle der braven, anonymen Straßenbahn. Keine unanständige Eile, den Zug nach Frankfurt zu besteigen. Es ist nur Frankfurt, meine Fahrkarte reicht nicht weiter, wer hat etwas dagegen ...«

Und dennoch hat sich zwischen dieser Abreise, die eine notgedrungene Flucht war, und jener Hoffnung auf die »Menschenwerkstatt Berlin« etwas Grandioses erfüllt, daß nämlich die Anziehungskraft dieser in mehrfacher Hinsicht »lockeren« Stadt so stark wurde wie nie zuvor in ihrer Geschichte; so global, daß die Attraktion hinüberreichte bis nach Amerika, erst recht nach Rußland und schon gar bis in die »Drüse der Mongolei«, bis nach Wien.

Fritz Kortner hat die Theatralisierung Berlins, zu deren Protagonisten er gehörte, später einmal so beschrieben: »Einer der vielen Gründe, die Berlin zur Theatermetropole machten, ist das Berlinische des Berliners. Ich meine die durch nichts zu verwirrende Skepsis, die eingeborene Ironie dem Bombastischen gegenüber, die aus gelassener Betrachtung stammende flinke Reaktion ... Die ›Mir machste nichts vor‹-Haltung der Berliner zwang die Theaterleute, den Berlinern immer weniger vorzumachen. Das aus Wißbegierde stammende Berliner Mißtrauen gegen Flausenmacherei, Verschleierung, Vertuschung und gegen unkontrollierbare Sprachberieselung erzwang sich schließlich das entsprechende, nach dem wahren Ausdruck und dem echten Inhalt suchende Theater. Der Berliner war ein wißbegieriger Besserwisser. Der pathetischen Redseligkeit und dem hochdramatischen Getobe bot er Halt mit dem Verdikt: ›Nu mach'n Punkt, so genau wollen wir's nicht wissen.‹ Deshalb hatte es Hitler in Berlin am schwersten ...«

Der Triumph Berlins – und das entspricht der hier einheimischen Paradoxie – kam aus einer Niederlage. Der Kaiser war dahin, und nun erst erwies sich, daß Berlin längst die Kraft hatte, etwas anderes zu sein als Kaiserresidenz und wilhelminische Reichshauptstadt: eine Temperamentssache ohnegleichen, ein Dorado für Künste und Künstler, ein Ort für Zukunft und Zukünfte, ein phantastisch-realistisches Gesellschaftsspiel. Und an Adel zählte nur noch der des Geistes, des Genies. Alfred Hausenstein notierte Ende der Zwanziger: »Heute ist Liebermann der echte König von Berlin. Der wahre König ist übriggeblieben. Sein Haus ist ein Palais – mit aller Diskrction des alten Berliner Stils; sein Wohnen ist ein Residieren; seine Kunst und seine akademisch-organisatorische Arbeit sind ein Regime. Und nun erscheint er selbst; aristokratisch in Form und Allüre, sorgfältig im Anzug, mit achtzig Jahren noch rasch in der Bewegung, gespannt im Witz, geladen mit schnellen Einfällen, der geborene und prächtig gealterte Beherrscher des Gesprächs.« Es ist derselbe Max Liebermann, dessen bitterstes Wort – da hatten die Nazis schon die Macht übernommen – so heißt: »So viel kann ich unmöglich essen, wie ich erbrechen möchte.« Es wird auch in der knapperen Form überliefert: »Ick kann gar nich so viel essen, wie ick kotzen möchte.«

Der Kaiser ist weg, die Republik dringt kaum ins Bewußtsein, aber es ist endlich was los. Was nicht los ist, wird losgemacht. Es tut sich was auf den Bühnen, in den Varietés, in den kleinen Kabarettkellern und in den Kinos, in den Parteizentralen und auf den Straßen. Berlin rotiert, und alles dreht sich um Berlin. Kaleidoskop aus sterbenden Stummfilmfiguren und den nackten Busen der

Apollorevuen, aus Reinhardt-Spektakeln und Piscator-Provokationen, aus Kortner-Furore und Pallenberg-Extratouren, aus starrem Bubikopf und tänzelnden Charlestonbeinen. Die amerikanischen Schlüsselworte des Jahrhunderts und das, was sie meinen, halten Einzug in Berlin: Jazz und Sex, und als drittes im Bunde läßt auch die Dollarkrise nicht allzu lange auf sich warten.

Kunststück Berlin! Und soviel Richtungen, daß man fast jede Woche eine neue feiern, abfeiern, ahnen, wiederaufleben lassen, dem Herrn Konkurrenten als Zeichen des Ewiggestrigen anlasten kann. Expressionismus? Hat's das mal gegeben? Dada? Aber ich bitte Sie. Futurismus? Aber der hat doch keine Zukunft mehr. Die Konstruktivisten? Nein, danke, ich halte es mehr mit Kurven, hahaha. Das Zeitstück ist jetzt en vogue, mein Herr. – Aber ich bitte Sie, das ist doch schon ein gutes Stück Zeit her. –

In einer boshaften Skizze aus dem Jahr 1928 unter dem Titel *»Saison«* beschreibt Gottfried Benn, der Berliner Lyriker, einen Theaterabend Ende der zwanziger Jahre: »Im Parterre wird es nun still. Vorne auf den Sesseln die Kritiker, entstellt von Eitelkeit, ob der Provinztenor bei der Fliederarie seine Körperfülle auf den rechten oder linken Fußballen verlagert, ob der Schrei von Fräulein Parsunke aus der Tiefe der Leidenschaft oder der Höhe der Hasenscharte kommt, ist für sie wichtig wegen ihrer Stellung in der Redaktion und der Unentbehrlichkeit ihrer Posten. Neben ihnen einige der großen Romanciers, immer gleich achthundert Seiten, welche Produktivität, welcher Andrang von Gesichtern, man sollte ihnen Kiepen umhängen, Kabeljau reinschmeißen, dann könnten sie zu den Fischweibern gehn. Nun wird es aber dunkel. Die geistigen Vorwände für die Kulissenverschiebung sowie den Toilettenwechsel der Diva nehmen ihren Anfang ... Die Clique, die klatscht, ist das gleiche Kaliber wie die Clique, die pfeift, die einen sind von rechts dumm, die andern sind von links dumm, morgen klatschen sie einem Tomatenpropheten, übermorgen einem Bauchredner, schad't ja auch nichts, warum denn nicht, Gehirnmüll Zinnober, Tank Gottes.«

Eine anstrengende, eine aufregende Stadt. Eine Zugkraft für junge Autoren. Mit 23 Jahren kommt Horváth nach Berlin und erklärt später diesen Entschluß: »Bekanntlich braucht man zum Denken einen Stuhl, auf dem man sitzt. Es hat sich allmählich herumgesprochen, daß das Materielle unentbehrlich ist. Und das bietet dem jungen Schriftsteller nur Berlin, von allen deutschen Städten. Berlin, das die Jugend liebt, und auch etwas für die Jugend tut, im Gegensatz zu den meisten anderen Städten, die nur platonische Liebe kennen. Ich liebe Berlin.«
Eine Zeit aus Augenblicken, aus großen Augenblicken, eine Zeit des schieren Jetzt, in der das Heute zum fortwährenden Trumpf wurde. *»Hoppla, wir leben!«* hieß ein Stück von Toller; es war das Zeitgefühl. Das nie zu sich selbst gekommene Berlin hatte seine große Chance, und es bot sie allen, die hierher kamen. Eine Goldgräberstadt, aber das Gold, das hier zu finden war, mußte einer in der Kehle oder im Mundwerk oder in der Schreibmaschine haben. Nie wieder galt so sehr, was Glaßbrenner fast hundert Jahre früher geschrieben hatte: »In Berlin herrscht das Talent, der Geist, ... und der Leib- oder Blutadel muß sich dieser höchsten Geburt, diesem Himmelsadel unterwerfen. Das ist eine schöne, nicht genug hervorzuhebende Errungenschaft Berlins.« Berlin entdecken, um von Berlin entdeckt zu werden – das war die Parole.
Ernst Josef Aufricht, der junge Theaterdirektor, der zwischen Bankrott und Geniestreich immerzu hin- und herbalancierte, berichtet, wie eine Entdeckung sich vollziehen konnte.
»An einem Tisch in dem langgestreckten Nachtlokal Schwannecke saß ein großer, dicklicher, jungenhafter Mann mit schönen braunen Augen und fixierte mich jedes Mal, wenn ich vorbeiging. Er hatte eine Rolle schreibmaschinenbeschriebener Blätter in der Hand. Ich blieb stehen: ›Wollen Sie mir etwas sagen?‹
›Ja! Ich habe ein Stück geschrieben: *Italienische Nacht!* Eine aktuelle politische Komödie. Vielleicht gefällt sie Ihnen.‹ Ich nahm die Papierrolle an mich und notierte seinen Namen, Ödön Horváth, und seine Telefonnummer. Ich fing

nachts an zu lesen und las das ganze Stück zu Ende. Ich bat ihn am nächsten Tag in mein Theater und machte mit ihm einen Vertrag, seine Komödie sofort zu spielen ...«

Aber gerade dieses Beispiel zeigt, wie die Turbulenz und Aufgedrehtheit, die Entdeckungsfreude und der Elan der zwanziger Jahre immer auch eine Kehrseite von Bedrohung und Gefahr hatten, Horváths »Volksstück« handelt von der politischen Gefährdung der Weimarer Republik, von der Heraufkunft und dem immer brutaleren Auftreten der Nazis; Horváth schildert, wie in irgendeinem süddeutschen Biergarten ein paar Sozialdemokraten, die eine fröhliche »Italienische Nacht« mit Lampions und allerlei »Einlagen« feiern wollen, von einem SA-Rudel (beinah) verhauen werden. Nur beinah: denn einerseits haben die damaligen »Jusos« sich rechtzeitig stark gemacht, andererseits wächst auf einmal die eingeschüchterte, vergrämte Frau des Stadtrats, Adele, über sich und die versammelten verstörten Männer hinaus, indem sie den Anführer des Schlägertrupps anherrscht: »Halten Sie Ihr Maul! Und ziehen Sie sich mal das Zeugs da aus, der Krieg ist doch endlich vorbei, Sie Hanswurscht! Verzichtens lieber auf Ihre Pension zugunsten der Kriegskrüppel und arbeitens mal was Anständiges, anstatt arme Menschen in ihren Gartenunterhaltungen zu stören, Sie ganz gewöhnlicher Schweinehund!«

Die Gefahr, die Horváth in seinem Stück noch einmal abwendet, war längst unabwendbar geworden: Hitler stand vor den Toren Berlins; er wartete nur noch auf den passenden Moment. Denn so sehr die zwanziger Jahre eine künstlerische Hoch-Zeit waren, so unmündig blieben sie politisch, so katastrophal waren sie in wirtschaftlicher und in sozialer Hinsicht. Unbegriffen, unbedankt blieb die Republik. Viele wollten ihren alten Kaiser Wilhelm wieder haben. Allzu vielen war Hindenburg ein probater Ersatz. Die Linken feierten die reine Lehre. Die Kleinbürger verlangten nach dem neuen starken Mann. Ossietzky schrieb 1925: »Ihr Sozialdemokraten habt Ludendorff verwünscht, ihr Deutschnationalen die

Sozialdemokraten, Juden und Franzosen, ihr Kommunisten allen und jeden, ihr Volksparteiler habt für den Geldsack gezittert. Keiner von Euch hat Deutschland geliebt, keiner von Euch hat Deutschland geliebt, keiner, keiner.«

# So (ein) zwei Theater

> Sehen Sie, in der ganzen Welt geht der Mensch ins Theater, um seine Freude daran zu haben. Nur der Berliner geht ins Theater, um diese Freude nicht zu haben, und diese Nichtfreude ist seine einzige Freude. Auf diese Freude wartet er, und deshalb setzt er sich ins Parkett, nicht als ein dankbarer Zuschauer, sondern wie ein Sonntagsschütze, der sich in eine Sandkuhle legt, um einen armen Hasen abzuwarten ... *Theodor Fontane*

Wenn der Berliner als ein besonders kritischer Kopf gelten darf, so darf auch gesagt sein, daß nichts sich für kritische Köpfe besser eignet als Theater, weil es fast, für die Macher wie für die Zuschauer, als ein Spielraum für Kritik definiert werden kann. Daraus folgt, daß die Berliner im Grunde nichts weiter sind als ein einziges Theaterpublikum, und zwar auch dort, wo sich nur der Alltag abspielt, ohne Kulissengeflüster und Kantinen-Intrigen. Die Nüchternheit der Leute hat ihr Komplement in der dauernden Theatralisierung aller Vorgänge, in diesem Kaleidoskop aus lauter kleinen Szenen, die man sich unentwegt zu machen versteht. Theater in Berlin ist zunächst einmal die Fortsetzung des Alltags mit anderen, oft künstlerischen, oft künstlichen Mitteln, und es ist zugleich die konzentrierteste und spontanste Gelegenheit zur Kritik (die kann auch Beifall heißen). Deshalb sind auch die ganz großen Theaterkarrieren in Berlin nicht die der Schauspieler gewesen, sondern die der professionellen Kritiker: Fontane, Brahm, Jacobsohn, Kerr, Ihering.

Kritiker in Berlin, das war einmal eine Großmacht-Stellung, das war ein Rausch aus Entdeckerfreude, das war die Lust an der Zukunft von anderen und die noch größere an der eigenen Geistes-Gegenwart. Von Alfred Kerr, der von Breslau nach Berlin zog, besser: den es von Breslau nach Berlin zog, stammt das Bekenntnis auf die Frage nach seiner Lieblingsbeschäftigung: »Seefahren. Musikmachen. Kindern Gutnachtsagen. Atmen. Sätze meistern. Und Krach.« – Krach als die literarische Form des Duells, als ein Element des Theaters, als ein Zeichen auch dafür, daß etwas mit Leidenschaft zugeht.

Aber auch heute noch, da Berlin keine überregionale Zeitung mehr hat und kaum einem jungen kritischen Temperament die große Chance zur Entfaltung bietet, da ein Übernacht-berühmt-Werden in diesem Gewerbe ausgeschlossen ist, läßt sich die Eigenart des Berliner Theaters am ehesten noch an der Figur eines Kritikers erläutern: Friedrich Luft. Er hat die fast nimmer enden wollende Intendanz Boleslaw Barlogs überdauert, auch Helene Weigel hat, todeshalber, den kürzeren gezogen als Prinzipalin des Berliner Ensembles. Seit fast dreißig Jahren ist er für Berlin zur »Stimme der Kritik« geworden, ein Rundfunkmann der ersten Nachkriegsstunde, der Erfinder des Sprudel-Radios, ein Original, auf das Berlin, im doppelten Sinn des Wortes, hört. Alle Tage ist kein Sonntag, aber alle Sonntag gibt es eine Viertelstunde Berliner Luft.

Diese populäre Viertelstunde Radio pro Woche kennzeichnet das Verhältnis des Berliners zu seinem Theater: es ist eher burschikos als respektvoll, eher flott als bedachtsam, eher spontan als intellektuell. Es ist die Liebe auf den ersten Blick, und ergibt sich die nicht, sind weitere Neigungen fast ausgeschlossen. Es ist keineswegs Kritik im Brustton der Überzeugung – eher kann man sagen, daß Friedrich Luft das große Atemlos gewonnen hat –, aber es ist gewiß die schnellste Kritik, die es je gab: mehr Text bringt keiner in fünfzehn Minuten unter, rascher kommt keiner zu Wort, und den möchte ich sehen, der sich quicker ein Urteil bildet. Luft selbst spricht vom »kritisch-heißesten Draht«. Aber wenn auch in dieser Sendung ganz tolle Meinungen unters Volk gebracht werden, wenn auch der rasende Theaterreporter manchmal rasend geworden zu sein scheint – hier wird Theater wirklich offen, hier wird eine Luftbrücke geschlagen vom Theater zu jenen breiteren Publikumsschichten, die man überall »erschließen« möchte, hier wird kurzerhand ein Tonfall angeschlagen, der besagt, daß über Theater jeder mitreden könnte, wenn er wollte. Auch wenn man gelegentlich an eine Haut-den-Lukas-Veranstaltung denkt: hier wird die Demokratisierung des Theaters betrieben wie in kaum einer anderen Stadt.

Berlin hat nicht nur die meisten Theater in Deutschland, es hat auch das öffentlichste: das, worüber am häufigsten und ehesten geredet, gestritten, geschrieben, referiert wird. Lange Nachkriegsjahre hatte Thalia hier einen Janus-Kopf: der eine zeigte nach Westen, der andere nach Osten. Am Schiffbauerdamm war es das *»Berliner Ensemble«*, das dort, in den fünfziger Jahren, eine neue Schauspiel- und auch Zuschauerkunst entwickelte. In West-Berlin waren es vor allem die *»Barlog-Bühnen«*, die den Berlinern wieder Überblick verschafften über internationale Entwicklungen in der Dramatik. Hier ein Makrokosmos aus Schreibweisen und Verhaltensformen, eine Revue lange ausgesparter Spielweisen oder unbekannter Autoren, dort die Konzentration auf einen Mikrokosmos an Dialektik, wie er sich in den Stücken Brechts auftut. Hier ein breites Angebot, dort Spezialisierung. Hier der Versuch mit immer neuen Dramatikern, immer neuen Milieus, dort die intensive Beschäftigung mit genauen, präzisions-ekstatischen Parabeln, die zu einer minuziösen Gestik, zu einer aufregenden Nüchternheit führten. Dort, fast fünfzehn Jahre lang, konnte die Welt sehen, wie man Theater spielte, hier, fast ebenso lang, war zu erleben, was die Welt an Theater bot.

Im nachhinein kann man das doppelte Theater Berlins in den fünfziger und frühen sechziger Jahren reduziert sehen auf das Duell zweier Autoren: Brecht im Osten, Beckett im Westen der Stadt. Der erste wurde verstanden als ein exemplarischer Realist, als szenischer Lehrmeister der Dialektik, der andere als ein Vertreter oder gar als der Protagonist des Absurden, als der Erfinder eines Theaters metaphysischer oder nihilistischer Clownerien. Es schien keinen größeren Kontrast zu geben als den zwischen dem Parabel-Schreiber Brecht und dem Endspieler Beckett, es schienen sich Welten aufzutun zwischen dem *»Godot«*

und dem *»Schweyk im Zweiten Weltkrieg«*, zwischen der im Sand versinkenden Winnie aus den *»Glücklichen Tagen«* und der im schmutzigen Marketendergeschäft verkommenden Mutter Courage. Dabei war nirgendwo leichter als an diesem »Schau«-Platz, als auf dieser politischen Bühne zu begreifen, wie realistisch die Absurdität und wie absurd oft die Realität ist; nirgendwo leichter auch einzusehen, daß Lehrstück und Endspiel, solange die Verhältnisse sind, wie sie sind (nämlich so, daß sie nicht so sind), zumindest gemeinsame Merkmale haben: die Trauer der beschreibenden Genauigkeit und die Liebe zur menschlichen Gebärde.

Zu Beginn der siebziger Jahre in beiden Teilen eine neue Situation: am Schiffbauerdamm war der Autor Brecht schier zu Tode »gepflegt« worden, seine Stücke mußten so lange Modell stehen, bis sie fast zu Museums-Gegenständen versteinerten. Im Westen, bei Barlog, gab es schon lange nichts Neues mehr, sondern einen Spielplan aus Bonhomie. Den beherrschenden Bühnen war längst Konkurrenz erwachsen: Das Deutsche Theater machte, wie in alten Zeiten, durch grandiose Besson-Inszenierungen wieder von sich reden, auch die Volksbühne am Luxemburgplatz wurde durch Bessons Theaterarbeit wieder attraktiv. Im Westen wurde aus der schon immer interessanten und arbeitsamen Schaubühne am Halleschen Ufer auf einmal, durch neue Leute, ein Theaterwunder. Als im Januar 1971 das Berliner Abgeordnetenhaus noch darüber debattierte, ob der marxistisch orientierten frischen Truppe der Schaubühne die öffentlichen Mittel, die vorläufig gesperrt worden waren, zugestanden werden sollten, als da, besorgt, von »einem Ensemble mit totalitärer Zielsetzung« gesprochen wurde, bereitete eben dieses Ensemble etwas vor, das inzwischen zum Stolz der Stadt gehört: den spektakulärsten Start ins Theater der siebziger Jahre, den Aufbruch in eine unerhörte Bühnenwelt. Schon als Peter Handkes *»Ritt über den Bodensee«*, wenige Tage nach der Debatte, Premiere hatte, war der Jubel groß in der Schaubühne, aber als dann Henrik Ibsens *»Peer Gynt«* die Zuschauer buchstäblich an den Rand drängte, da war ein theatralisches Jahrzehnt angebrochen und ein neues Kapitel in der Berliner Theatergeschichte. Eine Art moderner Stein-Zeit (der Spiritus rector der Schaubühne ist Peter Stein). Nach hundert Jahren hatte endlich der große Ibsen Fuß gefaßt in dieser sperrigen Stadt; als in den siebziger Jahren des 19. Jahrhunderts die ersten Ibsen-Dramen in Berlin gegeben wurden, notierte Siegfried Jacobsohn resigniert: »Es war zu früh. Ibsens Strenge und Folgerichtigkeit waren keine Eigenschaften, durch die man sich dem Volke ... gefällig machte. Diesem Volke stand die Sensation voran, und nur dem baren Unsinn strömt es noch begeisterter zu ... Die kompakte Majorität war für alle echte Kunst verloren ...« Aus den besseren Traditionen Berlins versuchte Hans Lietzau den Rahmen für seine Theaterarbeit zu gewinnen, als er 1972 die Intendanz von Schiller-, Schloßpark- und Werkstatt-Theater übernahm, aus den Entwurfs-Möglichkeiten, den Utopie-Gesinnungen der Stadt. »Berlinische Dramaturgie« hieß sein Konzept, das »ein Theater der großen Konflikte, der unaufhörlichen Spannungen, der perpetuierten Paradoxien: den notwendigen Dialog der Widersprüche« verhieß und verheißt. Ein Konzept (vom Verfasser dieses Buches mitformuliert), das natürlich in der Stadt selbst und auch außerhalb auf Verwunderung und gelegentlich sogar Spott stieß: wie sollte sich denn nach einer Stadt, die es nicht gibt, eine Dramaturgie konzipieren, die es auch erst geben soll? Denn immer wieder zeigt sich die Stadt erschreckt, verstört, wenn man ihre Unfertigkeit zum Modell machen will für etwas zu Verfertigendes, wenn man ihre grandiose Fiktion nutzen will für etwas, das im besten Fall etwas fiktiv Grandioses sein kann.

Fürs Berliner Theater in diesem Augenblick, da auch Kurt Hübner seinen neuen Start versucht in der Volksbühne, kann gelten: so dicht, so gespannt, so hochgespannt war die Berliner Theateratmosphäre seit langem nicht. Voraussagen läßt sich: es wird geklatscht werden, und es wird geklatscht werden. Und: man wird weitersehen.

# Lokaltermin

## *Tischleindeckdich persönlich: Walter Minuth*

Man könnte sagen, daß er auftritt wie ein Schauspieler, der einen Lord spielt, welcher seinen Butler nachahmt; nur: Er tritt nicht auf, er ist einfach da. Er ist ein Meister in der Kunst, zur Stelle zu sein. Er verkörpert Geistesgegenwart, nichts sonst. Er ist leise und hilfreich anwesend bei den verschiedensten Berliner Gesellschaften, und er macht durch seine Anwesenheit aus ihnen so etwas wie eine Berliner Gesellschaft. Er stellt einen Zusammenhalt dar, von dem die Leute, die zusammengehalten werden, kaum etwas wissen. Er ist zur Stelle, wenn man ihn braucht: Mit einem Drink, mit einem Appetit-Happen, mit einem dezent aufflammenden Streichholz: Seine oberste Tugend heißt Diskretion, seine Leidenschaft heißt Schönheit und er selbst Walter Minuth.

Wir haben es mit dem stillen Diener vieler Berliner Empfänge zu tun, mit einem Genie gastronomischer Allgegenwart, mit einem Virtuosen in der Kunst, ein Tablett voller Sektgläser unangefochten durch Diskussionen über moderne Kunst oder über Marcuses Toleranzbegriff zu jonglieren, eine Platte voller Aal-Häppchen an den Gourmands vorbei zu den Gourmets zu lotsen, im dichtesten Party-Gewühl lautlos, lächelnd und leichtfüßig seinen Weg zu nehmen – und

immer hat er auch noch ein Auge für den Außenseiter, für den an einen Pfeiler gelehnten Einzelgänger, der niemandem zuspricht als seinem Glas. Wie oft nicht haben wir uns in einen Empfang begeben als wie in eine Wildnis; lauter fremde Gesichter; lauter fremde Dekolletés; lauter fremde Themen (der frühe Stockhausen, das war noch was! Beißt der moderne Städtebau ins Gras seiner eigenen Grünflächen? Gehen sie mir doch mit Kienholz! Aber gegen Paestum ist doch ganz Griechenland Barbarei!) Und dann entdeckt man Herrn Minuth und ist im Augenblick geborgen, sicher, daheim, getrost und ruht sich aus bei den Köstlichkeiten, die der Berliner denn auch mit merkwürdigem Instinkt Kanapees nennt. Empfänge, an denen unsereiner teilnimmt, gehören zu den minderen Aufgaben von Walter Minuth. Seine Delikatesse und seine Delikatessen werden auch bei größeren Gelegenheiten gebraucht, für Fürstenhochzeiten, Visiten der Königin Elisabeth oder des Kaisers von Äthiopien, für Staatsbesuche und andere offizielle Berliner Artigkeiten. Selbstverständlich greifen auch die Regierenden Bürgermeister, alle Arten Minister und Senatoren seit Jahren zu.
Bei einer kleinen Zusammenkunft, vormittags am Kurfürstendamm (der schwarze lange Schirm hängt über einem freien Stuhl, dort liegt auch die elegante schwarze Mappe), macht Herr Minuth uns mit seinem eigentlichen Beruf bekannt: »Ich nenne mich Tafeldecker«, aber im selben Atemzug kommt heraus, daß er sich nicht nur so nennt: »Ich bin Tafeldecker.« Und weiter: »Ich persönlich liebe die großen Diners. Da erst kann ich mich voll entfalten.« Walter Minuth beschwört die Vorstellung eines Dirigenten vor einem großen Orchester. »So wie ein Conductor kann ich da meine Leute dirigieren, zwanzig, dreißig, vierzig, fünfzig oder sechzig, das sind die Schönheiten für mich.« Wir fragen dazwischen: Sechzig Gäste? Nein, nicht doch, sechzig Mann Personal, das müsse geleitet werden, organisiert werden, geführt, bedacht und beobachtet. Und vor allem sei um Gottes willen der Gast nicht zu behelligen, er dürfe nichts hören und nichts sehen von der ganzen Dienstfertigkeit.

Die Beschreibung eines solchen Tischleindeckdichs geschieht mit einer durch Eleganz besänftigten Leidenschaft. Zugrunde liegt dem individuellen Gedeck, wie es Herr Minuth gern bereitet, der Paradeteller, der von Anfang bis Ende vor dem Gast stehen bleibt. Paradeteller? Sehr wohl, oder auch Standteller. Man lege ein Deckchen darauf, damit es nicht klappere, wenn anderes Geschirr darauf komme (klappern gehört hier nicht zum Handwerk). Zu beachten sei auch, daß immer ein Gericht am Platz sein soll; das bedeutet abservieren von rechts und zugleich anreichen von links. Was es denn nun, kraft so beschaffenem Zeremoniell, zu essen gebe? Das Verbum »essen« ist eine kleine Ungezogenheit im Umgang mit dem Tafeldecker. Er zieht aus seiner Mappe ein schmales Buch, lukullisches Kompendium der Firma, für die Walter Minuth, wenn auch freiberuflich, tätig ist. Es ist eine der Berliner Stadtküchen. Was in anderen Städten einen etwas schlichten Beiklang hat, das ist in Berlin der Name für Delikatessengeschäfte, die kalte Büfetts oder warme Speisen ins Haus liefern. »Das sind keine Köche bei uns, das sind Kochkünstler.« Wir haben uns indes schon festgebissen am Menüvorschlag Nummer 20 mit folgender Sequenz:

Kaviar auf Eisblock
Toast und Butter
Fasanenkraftbrühe mit Trüffelklößchen
Ostender Seezunge mit frisch. Hummer
Medaillons vom Kalb
nach Feinschmeckerart
Nanteser Ente mit Orangen
Eisauflauf »Benedictine«,
Walliser Käsewürzbissen

Nun ja, die großen Diners mit sechs oder gar sieben Gängen seien heute eine

Rarität. »Wer kann denn heute noch so viel in sich hineinstopfen wie in früheren Zeiten?« Eine Sekunde lang sind wir versucht, uns zu erkennen zu geben.

Zur Diskretion des Tafeldeckers gehört, daß er mit sich selbst nicht groß lästig fallen will. Bei den mannigfachen Diensten, die er leistet, leistet er auch den Verzicht auf eine ausgeprägte Biographie. Er ist 1915 in Charlottenburg geboren, das damals noch nicht zu Berlin gehörte. Er hat das Hotelfach gelernt und ist, während der dreißiger Jahre, im Hotel Kaiserhof in der Wilhelmstraße tätig gewesen, in einem Etablissement, dem schon der Baedeker von 1927 125 Zimmer mit Bad bei einem Übernachtungspreis zwischen 15 und 25 Mark zuschreibt, in einem Haus, wo dann auch die tausendjährigen Herrschaften aus der gegenüberliegenden Reichskanzlei verkehrten. 1945, im August, heimgekehrt aus Rußland, fing Walter Minuth in einem anderen großen Betrieb an, der, wie sich später herausstellen sollte, günstiger lag, nämlich in West-Berlin. Es war das Hotel am Zoo, das vorerst noch Pressehotel der britischen Besatzungsmacht war. Die Nachkriegskarriere führte rasch vom Kellner zum Oberkellner und weiter zu dem, was unter Eingeweihten Gesamtoberkellner heißt. Anfang der fünfziger Jahre wurde Walter Minuth sein eigener Tischherr: Er machte sich selbständig als Tafeldecker.

Aber schon herrscht wieder Gegenwart, West-Berliner Heutigkeit, festliches Hier und Jetzt. »Man versteht heute wieder mit Kultur zu feiern«, sagt Walter Minuth mit disziplinierter Emphase, ganz deutlich gehe der Trend zu den schöneren Dingen, immer kostbarer werde auch der Rahmen, und die Gelegenheiten reichten vom Gartenfest bis zur Dampferpartie. Aber die Bankette, sagt er noch einmal, seien doch die Höhepunkte. Oft, gerade bei häuslichen Festen, müsse er den Damen des Hauses das gute Geschirr erst aus dem Schrank locken; aber, nicht wahr, zur Dekoration allein sei doch das Schöne nicht da, sondern es wolle benutzt sein. »Ich sag den Leuten immer, wenn man was besitzt, dann soll man es zeigen.«

Während der Tafeldecker uns mit leisem Stolz gegenübersitzt, wittern wir eine seltene Chance: Wie, wenn wir ihm, ein einziges Mal, einen Drink zukommen ließen? Aber er schüttelt den Kopf: Nein, er trinke kaum, das sei in seinem Beruf unmöglich. Voll Andacht unterdrücken wir die andere Frage, ob er vielleicht auch nicht esse.

## *»Liebeley« bei Lucie*

Am Dennewitzplatz wird Berlin plausibel. Da trennt es sich von der City und vom Europa-Center, vom Kaufhaus wie vom Theater des Westens, von der Berlin-Frage und von der Theaterkrise, vom Striptease und von Parkplatznot. Am Dennewitzplatz hört die Weltstadt auf, und die Stadtwelt fängt an. Die Bülowstraße verendet hier. Die dazugehörige U-Bahn-Station übt sich in Paradoxie: erstens ist sie hier Hochbahn und zweitens außer Betrieb; eine Kirche (evangelisch) schwingt sich zu falscher Gotik auf. Vom Dennewitzplatz sind es zehn Autominuten bis zum Flughafen Tempelhof, fünf bis zur nächsten Mauer und zirka zwanzig bis zur Dahlemer Nofretete. Vom Dennewitzplatz ist es nur ein Katzensprung bis zur Mansteinstraße 4, bis zu »Leydicke«.
Man kann die Leute in Berlin einteilen in drei Kategorien: in die, die von »Leydicke« nichts wissen, in jene, die von »Leydicke« nichts wissen wollen, und in solche, die durch »Leydicke« erst zu Wissenden geworden sind. Auf den ersten Blick ist »Leydicke« eine Kneipe, ein altes Berliner Lokal, eine übriggebliebene Destille. Dafür spricht, daß Männer hereinkommen, an die Theke gehen und sich was zu trinken bestellen. Aber die Unterschiede zum Normalfall Berliner Budike werden rasch deutlich: Da wird zum Beispiel ein Stoni oder ein Kurfürstlicher bestellt, oder ein Ingwer-Rum, oder einmal Stachelbeere, oder ein Leydiano extra oder eine Liebeley. Denn dies ist nicht allein eine Destille, sondern auch noch eine

Esso
S Bahn Yorkstr.
S BAHN
GROSSGÖRSCHENSTRASSE
Blick auf den Friedhof
der St. Matthäi Gemeinde

regelrechte Destillation. Zu den schönsten Sätzen dieser Jahre gehört jener, mit dem Lucie Leydicke einem Mann Bescheid sagte, der von ihrem »Laden« gesprochen hatte: »Ich bin kein Laden, ich bin eine Fabrik.« Die Preisliste spricht von Likörfabrik und Weinbrennerei, von Weingroßhandel und Wermutweinherstellung. Und sie enthielt noch vor wenigen Jahren Werbesprüche wie den folgenden: »Da gibt's keinen Einwand / auch Leydicke Weinbrand / läßt schlagen die Herzen noch höher.«

In Wirklichkeit aber ist »Leydicke« etwas ganz anderes, als auf der Liste steht. Es ist ein Berliner Mythos, ein Hort ortsansässiger Unverwüstlichkeit, ein Ladenhüter des Volksmunds. Die Einrichtung ist ein Stück Jahrhundertwende. Sie weiß noch nichts vom Ersten und Zweiten Weltkrieg, in schierstem Wilhelminismus richtet sie sich über Obstweine und Eierliköre, über griechischem Mavrodaphne und Malaga Lagrimas auf, halb Apotheke, halb Hausaltar, immer wieder aber auch mit ihren hölzernen Ornamenten die Erinnerung weckend an den Zwirbelbart des zweiten Wilhelm. 1877 ist die Firma E & M Leydicke gegründet, 1893 ist dieses Haus in Berlin-Schöneberg gebaut worden. »Das hat mein Schwiegervater gebaut«, erzählt Lucie Leydicke mit stets bereitem Zorn, »von unten bis ans Dach für 302000 Mark, könnt ihr euch überhaupt vorstellen, was das damals für ein Geld war? Diese Neubauten, das sind doch die reinsten Kuhställe, das spottet ja Hohn, wollen wir denn schließlich hier New York aufbauen?«

Lucie Leydicke ist eine von vier Mitgliedern der Familie Leydicke, die das Geschäft betreiben, aber sie ist das einzige Original, nicht nur in der Familie, sondern im weiten Umkreis. Die Dienstagnachmittage gehören ihr und ihren fortwährenden Monologen. Sie ist klein, ihr kraushaariger Kopf ragt nur wenig über die hohe Theke. Sie hat eine unentwegte Wut auf jegliche Obrigkeit, besonders auf die Sozialdemokratie. »1918 kommen die mit drei Mann hoch hier zu mir ins Geschäft, Minister oder so was, wollen mich werben, weil ich nicht auf den Mund gefallen bin, aber ich sage, mit mir wird nichts, ich kann nicht gleichzeitig ein

guter Kaufmann und ein guter Politiker sein, geht man wieder nach Hause, aber, sag' ich noch, darauf könnt ihr euch verlassen, ich paß' auf euch auf.«
Zwei Gäste, die ein 16-Liter-Faß Rotwein für eine Silvesterfeier mitnehmen, bekommen, mitsamt zwei Klötzen fürs Feststellen, die letzten Anweisungen. Auf keinen Fall dürfe man den Wein zu früh ins Warme stellen. Und in acht Tagen spätestens brauche sie das Faß zurück. Bis dahin müsse es ohnehin ausgetrunken sein, denn, sagt sie mit Emphase: »So ein Wein lebt doch, und wie der lebt!«
Jemand kommt zur Tür herein und berichtet, daß draußen Tauwetter sei. Auch hierzu gibt es einen Kommentar. »Es wird wärmer, er hat es angesagt, aber ich hab's schon heute morgen in den Beinen gemerkt. Ja, ich mach mir meine Meinung alleine.«
Die Männer, die hierher kommen, um ein paar Gläschen zu trinken oder sich eine Literflasche Wermut auffüllen zu lassen, diese Männer haben Respekt vor der alten Frau, manchmal sogar ein bißchen ärgerliche Angst. Man hat das Gefühl, daß sie gleichzeitig eine Trink- und eine Mutprobe veranstalten. Vor Lucie Leydickes immerwährender Aggressivität werden sie alle klein: die Rentner mit ihren altmodischen Schirmmützen, die jungen Arbeiter in den glänzenden Lederjacken, die Leute mit den Aktentaschen von verschiedenem Prestige, der Herr im Kamelhaarmantel, dem der Chauffeur den Weinkarton in den Wagen trägt. Sie genießen, daß sie klein werden und nichts mehr zu sagen haben. »Einen richtigen deutschen Mann«, sagt die eiserne Lucie zum Beispiel, »scheinen wir überhaupt nicht mehr zu haben«, und alle, wie sie da stehen und sitzen, nicken beifällig und andächtig und sonder Ehrgeiz, ihr zu widersprechen.

## *Mit Fritz Teufel vor Gericht*

Kriminalgericht Moabit, Baujahr 1881, Erweiterung 1906, eine Trutzburg der Gerechtigkeit, das steingewordene Vertrauen ins Zugehen mit rechten Dingen, Bollwerk wider das Böse. Vom Krieg verschont, offenbar haben sich sogar die Bomben vor dieser Monstrosität gegraut. Die Treppen von einer monumentalen Breite, wie wenn sie für immer vor dem Verdacht sich bewahren wollten, Hintertreppe zu sein. Gebaut für Untertanen; hier merkten sie, wie klein sie sind. Und der pompöseste aller Räume: Saal 500. Immerzu fragt man sich: Wie hätte Heinrich Mann dieses Walhall der Justiz beschrieben, diese Kombination aus trister Holztäfelung und Linoleum, aus Barrieren und Podesten, aus Erkerfenstern und Stukkatur, aus Gitterstäben und Kirchenempore, aus Putzgeruch und schlechten Gewissen. Es ist ein Saal, der es zu einer eher traurigen Berühmtheit bringen wird; damals, Sommer 67, hat er auch Platz für Komik.
Der Staatsanwalt ist ein Oberstaatsanwalt, und er heißt Kuntze. Ein schmaler Mann, von knappem Gesicht und markanter Nase, Brillenträger wie der Gerichtsvorsitzende, wie der Verteidiger, wie die beiden angeklagten Studenten auch, von einem Aug-in-Aug wird also nicht zu sprechen sein. Ein Stehberuf, und deutlich auch ein Berufsstand: Verwahren wolle er sich, sagt der Anklagevertreter, gegen vielfache Äußerungen in der Öffentlichkeit von einer »politischen Staatsanwaltschaft«, denn dergleichen gebe es nicht. (Gelächter hinter der Barriere). Es komme vor, daß Staatsanwälte sich zu befassen hätten mit politischen Delikten, aber politische Direktiven seien ausgeschlossen. Staatsanwälte hielten sich an die Strafprozeßordnung und an ihr Gewissen. Und Kuntze klagt die Studenten Rainer Langhans und Fritz Teufel an, »gemeinschaftlich durch Verbreiten von Schriften zur Begehung strafbarer Handlungen aufgefordert zu haben, nämlich zum vorsätzlichen Inbrandsetzen von Räumlichkeiten, welche zeitweise dem Aufenthalt von Menschen dienen, und zwar zu einer Zeit, während

welcher Menschen in denselben sich aufzuhalten pflegen. Diese Aufforderung ist bisher nicht befolgt worden.«

Flugblätter fliegen nicht. Sie müssen verteilt werden. Am 24. Mai 1967 wurden vier Blätter mit der Numerierung 6 bis 9 vor der Mensa der Freien Universität verteilt. Auf deren Text gründet sich die Anklage, die Prozedur im Saal 500, das Verfahren vor der 6. Großen Strafkammer. Die inkriminierten Pamphlete nehmen Bezug auf den Kaufhausbrand in Brüssel, der zwei Tage vorher geschehen, einen Tag vorher in den Zeitungen gemeldet war. Da heißt es: »Ein brennendes Kaufhaus mit brennenden Menschen vermittelte zum erstenmal in einer europäischen Großstadt jenes knisternde Vietnam-Gefühl (dabeizusein und mitzubrennen), das wir in Berlin bislang noch vermissen müssen.« Und das steht auf einem anderen Flugblatt: »Unsere belgischen Freunde haben endlich den Dreh heraus, die Bevölkerung am lustigen Treiben in Vietnam wirklich zu beteiligen: Sie zünden ein Kaufhaus an, und zweihundert saturierte Bürger beenden ihr aufregendes Leben, und Brüssel wird Hanoi ... ab heute geht man in die Konfektionsabteilung vom Kadewe, Hertie, Woolworth, Bilka oder Neckermann und zündet sich diskret eine Zigarette in der Ankleidekabine an ... Brüssel hat uns die einzige Antwort darauf gegeben: Burn, Warehouse, Burn.« Man merkt daraus: Anglisten sind die beiden Angeklagten nicht (der eine studiert Psychologie, der andere Publizistik). Warehouse ist das englische Wort für einen Lagerschuppen, das deutsche Warenhaus wäre der Department Store. Indiz: Die sind nicht so sehr beim Wort zu nehmen, beim Fremdwort schon gar nicht.

Vorsitzender: Sie sind vor vier Jahren nach Berlin gekommen, haben Publizistik studiert, was wollten Sie damit anfangen?

Fritz Teufel: Früher wollte ich eigentlich mal so 'ne Art humoristischer Schriftsteller werden.

Vorsitzender: Und jetzt?

Teufel: Dann habe ich mich politisch engagiert, da verliert man den Humor.

Vorsitzender: Wovon leben Sie?
Teufel: Ich werde von zu Hause unterstützt, bin der jüngste von sechs, bin ein bißchen üppiger ausgestattet worden, habe sonst 350 Mark im Monat bekommen, jetzt, auf meinen Wunsch, nur noch 250.
Vorsitzender: Sie sind vorbestraft, was war da?
Teufel: Selbstbedienungsladen, im Januar, da habe ich was mitgenommen, ohne Bezahlung. Hängt mit meiner Einstellung zum Privateigentum zusammen, daß es nämlich abgeschafft werden müßte. Seh' aber ein, daß die Methode zu individualistisch ist, das heißt unzulänglich.
Vorsitzender: Andere Waren hatten sie dort regelrecht im Korb, nur das halbe Pfund Butter, die Sprühdose und die Strümpfe wollten Sie ohne Bezahlung mitnehmen.
Teufel: Na, ich sagte doch, es hing damit zusammen, daß ich da den Gedankengängen von Karl Marx folgte, ich meine, daß ich diese Gesellschaft für änderungswert und änderungsbedürftig halte.
Vorsitzender: Wie geht es denn so zu bei Ihnen in der »Kommune«?
Teufel: Besuchen Sie uns doch mal.
Vorsitzender: Das steht nicht zur Debatte. Ich möchte es jetzt und hier wissen.
Teufel: Wir gehen in die Öffentlichkeit mit Sachen, die provozieren sollen, die lächerlich machen, die die Instrumente der Repression entlarven sollen. Wir sind gegen Bombe, Sprengstoffattentate, gegen Brandstiftung. Wir machen unsere Flugblätter gegen die Saturiertheit der Gesellschaft.
Vorsitzender: Wer ist denn saturiert?
Teufel: Die überwiegende Mehrzahl unserer Mitbürger ist doch ganz schön selbstzufrieden.
Vorsitzender: Nochmals: Wie meinen Sie das mit der Saturiertheit?
Teufel: Die Deutschen glauben doch, jetzt haben sie die Demokratie erreicht, sie sind ein richtiges gutes Völkchen. Zwar sind mal von ihnen eine Menge Juden

vergast worden, dafür werden jetzt mit deutschen Waffen Araber umgebracht, das ist auch eine Art Wiedergutmachung.

Vorsitzender: Das meinen Sie nicht ernst. (Gelächter) ... aber wenn jetzt Ihr Flugblatt jemand so verstanden hätte, Warenhäuser anzuzünden ...

Teufel: Auf die Idee ist ja niemand gekommen, außer dem Staatsanwalt, der es aber nicht probiert hat, sondern statt dessen die Anklageschrift verfaßt hat.

Langhans, 27 Jahre alt, Student der Psychologie, tritt im Schutz eines Lockenkopfes auf, vor den Augen eine Nickelbrille. Überm weißen Unterhemd trägt er ein rosa Jäckchen, die Barfüße stecken in Sandalen, in der Hand hat er ein kleines rotes Mao-Büchlein. Auf dem Gerichtsflur hatten wir ihn für eine unlustige Putzfrau gehalten. Als der Gerichtspräsident ihn zu Beginn bittet, aufzustehen, merkt man: Da hat dieses Leben seine Schwierigkeiten. Kein erhebender Anblick. Beruflich? Im Augenblick mache er die Kommune-Sache. Das sei doch aber keine Lebensaufgabe? Könne schon eine werden. Kurzer Bericht über Kommunealltag, der Vorsitzende eilig: Sein Privatleben interessiere ihn nicht. Moment: Privatleben gebe es nicht für ihn und die anderen, man wolle Intimes und Öffentliches nicht trennen, sondern alles einbeziehen in die besondere Form von Existenz, wolle sich zusammentun gegen verkrampfte Formen des Leistungsprinzips, gegen sexuelle Schwierigkeiten und so weiter. Demonstrationen als Happening, nicht als Gewalttat.

Frau Teufel: Fritz ist unser Jüngster. Wir hatten nie irgendwelche Schwierigkeiten mit ihm. Er war ein guter Schüler (als der Sohn den Kopf schüttelt, sagt die Zeugin: Er lacht mich aus. So was). Nein, er war ein guter Schüler und immer ein sehr vergnügtes Kind. Aber später dann hat er sich verändert, das begann mit den KZ-Prozessen. Dann kam Vietnam, und das hat ihm den letzten Rest Humor geraubt.

Vorsitzender: Den hat er aber jetzt wieder.

Mutter: Nein, nein.

Vorsitzender: Und jetzt ist eine Entfremdung eingetreten zwischen Ihnen und Ihrem Sohn? Er hat hier gesagt, es sei ja aussichtslos, zu Hause über Politik zu sprechen.
Mutter: Wir haben immer noch ein gutes Verhältnis zu unserem Fritz. Aussichtslos hat er gesagt, weil wir schon zu alt und eingefahren sind. Da macht er uns eben Vorwürfe, daß wir alles einfach so laufenlassen. Und eines Tages hat er uns geschrieben, daß sie Kommune machen wollten. Aber was immer Fritz tut oder getan hat, das ist reiner Idealismus.
Professor Jacob Taubes, nebst vier anderen Professoren der Freien Universität vom Verteidiger Dr. Mahler zum Gutachter bestellt und ins Gericht gebeten, vergleicht die Flugblätter mit Dokumenten des Surrealismus, führt das zweite Manifest André Bretons aus dem Jahr 1930 an: »Die schlichteste Tat des Surrealismus besteht darin, mit Revolvern in den Fäusten auf die Straße hinabzugehen und wahllos, ziellos, hemmungslos in die Passanten zu ballern. Wer nicht ein einziges Mal in seinem Leben wenigstens Lust gehabt hat, derart der derzeit bestehenden, elenden, kleinlichen, ehrlosmachenden, verdummenden Gesellschaftsordnung den Garaus zu machen, gehört eindeutig selber zu der Masse der Passanten auf der Straße, sein Bauch wie ihre Bäuche in Höhe des Revolverlaufes.« Während Taubes das Delikt der Aufforderung zur Brandstiftung immer weiter wegzitiert, überführt er die beiden jungen Leute eines anderen, das nicht justiziabel ist, nur lachhafter: der plagiierten Provokation.
Der Vertreter der Anklage wird am nächsten Tag von den Gutachtern sagen, er habe ihre Ausführungen mit Interesse zur Kenntnis genommen, aber auch mit Verwunderung, denn die Expertisen seien nicht sachzugehörig gewesen. Niemand wird zugeben wollen, daß der Nachweis einer Blamage zur Sache gehöre.

# Kleine Berlin-Geschichte in der Literatur

Berlin besteht erstens aus dem Nachlaß einer Anzahl Verstorbener und zweitens aus dem, was die heutigen Leute tun. *Alfred Döblin*

## *Voltaire*

Nun verwandte er (Friedrich II.) seine Mühe darauf, Berlin zu verschönern, eine der schönsten Opern Europas zu bauen und Künstler aller Art kommen zu lassen; denn er wollte auf allen Wegen und so billig wie möglich zum Ruhm gelangen. Sein Vater hatte in Potsdam in einem armseligen Haus gewohnt; er machte einen Palast daraus. Potsdam wurde eine hübsche Stadt. Berlin wurde größer; man begann wieder, die angenehmen Seiten des Lebens kennenzulernen, die der verstorbene König sehr vernachlässigt hatte: einige Personen hatten Möbel, die meisten trugen sogar Hemden; denn unter der vorhergehenden Regierung kannte man nur Vorhemdchen, die man mit Schnüren befestigte; und der Regierende König war nicht anders aufgewachsen. Die Dinge änderten sich zusehends: Sparta wurde Athen. Über das Berlin um 1740

*Lessing*

Wer kann in den verzweifelten großen Städten schlafen? Die Karossen, die Nachtwächter, die Trommeln, die Katzen, die Korporals – das hört nicht auf zu rasseln, zu schreien, zu wirbeln, zu mauen, zu fluchen; gerade, als ob die Nacht zu nichts weniger wäre, als zur Ruhe.

Franziska in *»Minna von Barnhelm«*, 1763

Wien mag sein wie es will, der deutschen Literatur verspreche ich doch immer noch mehr Glück als in eurem französierten Berlin. Wenn der Phädon in Wien konfisziert ist, so muß es bloß geschehen sein, weil er in Berlin gedruckt worden, und man sich nicht einbilden könne, daß man in Berlin für die Unsterblichkeit der Seele schreibe. Sonst sagen Sie mir von Ihrer Berlinischen Freiheit zu denken und zu schreiben ja nichts. Sie reduziert sich einzig und allein auf die Freiheit, gegen die Religion so viel Sotissen zu Markte zu bringen, als man will. Und dieser Freiheit muß sich der rechtliche Mann nun bald zu bedienen schämen. Lassen Sie es aber doch einmal einen in Berlin versuchen, über andere Dinge so frei zu schreiben, als Sonnenfels in Wien geschrieben hat; lassen Sie es ihn versuchen, dem vornehmen Hofpöbel so die Wahrheit zu sagen, als dieser sie ihm gesagt hat; lassen Sie einen in Berlin auftreten, der für die Rechte der Untertanen, der gegen Aussaugung und Despotismus seine Stimme erheben wollte, wie es itzt sogar in Frankreich und Dänemark geschieht: und Sie werden bald die Erfahrung machen, welches Land bis auf den heutigen Tag das sklavischste Land von Europa ist. Ein jeder tut indes gut, den Ort, in welchem er sein muß, sich als den besten einzubilden ...

An Nicolai, August 1769

*Jean Paul*

Noch immer, Verehrtester! leb' ich in diesem architektonischen Universum, das mich so einnimmt, daß ich es vielleicht im Winter beziehen werde. Das edle Brandenburger Thor mit seinen Säulen und seinem Triumphwagen öffnet groß die Colossenreihe der Paläste. Nur die Einwohner, sogar die Einwohnerinnen sind einfach gekleidet. In keiner deutschen Stadt ist die Achtung für das Gesetz, worin allein Freiheit besteht, sogar beim König größer, als hier. Noch in keiner wurd' ich mit so vielem und so allgemeinem Enthusiasmus aufgenommen als hier.

Berlin ist mehr ein Weltteil als eine Stadt, wo sich aus der größeren Menge leicht eine gesellige Einsamkeit erwählen ließe. Da fänden Sie Ihren ruhigsten Hafen in Deutschland. 1800

*Adalbert von Chamisso*

Solltest Du einmal unsere Stadt wiedersehen, mein viellieber Freund, so würdest Du sie nicht wiedererkennen. Es wächst kein Gras mehr auf den Straßen! – Der Fluß hat durch dieselbe einen neuen Lauf genommen, eine Unzahl von Brücken, steinerne, eiserne, hölzerne, sind überall entstanden, etliche von einer ausnehmenden Pracht. Vier neue Standbilder, worunter ein ehernes, Thore, Straßen, die Stadt wächst aus sich selber heraus. Die Sandwüste, in deren Mitte das Hochgericht weither gesehen sich erhob, ist jetzt ein Stadtviertel, der Galgen ist ganz verbaut, und ich bin manchmal versucht, die überhandnehmende Verderbnis unserer Sitten davon herzuleiten, daß man dieses vorzügliche Katheder der Ethik dem Auge entzogen habe. Neue Kirchen, zwei neue Theater; alle Tage wird in zweien, oft auch in dreien gespielt. An de la Foye, Januar 1825

*Heinrich Heine*

Berlin ist gar keine Stadt, sondern Berlin gibt bloß den Ort dazu her, wo sich eine Menge Menschen, und zwar darunter viele Menschen von Geist, versammeln, denen der Ort ganz gleichgültig ist; diese bilden das geistige Berlin. Der durchreisende Fremde sieht nur die langgestreckten uniformen Häuser, die langen breiten Straßen, die nach der Schnur und meistens nach dem Eigenwillen eines Einzelnen gebaut sind und keine Kunde geben von der Denkweise der Menge. Es sind wahrlich mehrere Flaschen Poesie dazu nötig, wenn man in Berlin etwas anderes sehen will als tote Häuser und Berliner. Hier ist es schwer, Geister zu sehen. Die Stadt enthält so wenig Altertümlichkeit, und ist so neu; und doch ist dieses Neue schon alt, so welk und abgestorben. Denn sie ist größtenteils nicht aus der Gesinnung der Masse, sondern einzelner entstanden...

1828

*Friedrich Hebbel*

Da wäre ich denn einmal wieder in der Metropole deutscher Intelligenz, wie Berlin sich so gerne nennen hört. Wahr ist's, Deutschland hat nur eine Stadt, die den Namen einer großen gleich auf den ersten Blick erobert, und diese eine Stadt ist Berlin. Was sind das für Straßen, für Plätze und Gebäude; man fühlt sich an Paris, sogar an Rom erinnert. Aber freilich, man darf nicht näher hinsehen, man darf nur blinzeln, wenn man den Eindruck nicht wieder verlieren will. Denn genau betrachtet: wie leer sind diese Straßen, wie öde diese Plätze, wie wenig solide diese Gebäude. Alles ist wie auf den Kauf gearbeitet, die Erde braucht sich nicht zu schütteln, um es zu zerstören, es fällt schon von selbst wieder um. Wohl gibt es Zeugnis von einem außerordentlichen Dasein, aber nicht von dem Dasein eines Volkes, das sich behaglich einrichtet, sondern von dem Dasein eines mächtigen Individuums, das sich ein Denkmal setzte. Friedrich der Große ist es, der uns an allen Ecken und Enden entgegentritt, denn auf sein Kommando haben sich die Häuser ebenso gut in Reih und Glied aufgestellt wie seine Soldaten ...

1851

*Carl v. Gutzkow*

Berlin wächst an Straßen, mehr noch an Menschen, aber man kann des Abends um neun noch im Anhaltischen Bahnhofe ankommen und wird, mit einer Droschke von der Wilhelmstraße zu den Linden fahrend glauben, in Herculanum oder Pompeji zu sein. Denn selbst die große Friedrichstraße gleicht um diese Zeit schon einer verlängerten Gräberstraße. Auf etwa fünf von der Eisenbahn herwackelnden Droschken kommen zwei Menschen zu Fuß, einer auf dem Trottoir rechts, einer auf dem Trottoir links. Doch ist es eigen mit der Stille einer großen Stadt. Am Gendarmenmarkt feierliche Ruhe und in dem so gespenstisch einsam daliegenden Schauspielhaus stürmt vielleicht eben ein vielhundertstimmiges Da capo. In jenem Concert-Saale sang wenigstens Frau Jenny Goldschmidt-Lind.

An jeder Straßenecke der belebten Gegend steht ein Constabler, der nach dem Charakter der preußischen Monarchie, als einer vorzugsweise spartanischen, nur im Helm des Kriegers für den öffentlichen Frieden sorgt. Man hätte die Neuerung des Helms nicht so weit sollen um sich greifen lassen. Von der Ehre, ihn tragen zu dürfen, hat man glücklicherweise die Droschkenkutscher wieder ausgeschlossen.

1854

*Fjodor Dostojewskij*

Berlin hat auf mich den sauersten Eindruck gemacht und ich bin in dieser Stadt nur vierundzwanzig Stunden geblieben. Heute weiß ich, daß ich Berlin Unrecht tue, daß ich nicht mit Bestimmtheit sagen darf, es mache wirklich einen sauren Eindruck – oder wenn schon, dann doch mindestens einen süßsauern. Und woher kam mein unheilvoller Irrtum? Entschieden daher, daß ich als ein kranker leberleidender Mensch zweimal vierundzwanzig Stunden lang mit der Eisenbahn durch Regen und Nebel nach Berlin gefahren war, und nun, nach meiner Ankunft, unausgeschlafen, gelb, müde, mit steifen Gliedmaßen, plötzlich auf den ersten Blick nur dies gewahre: daß Berlin bis zur Unglaublichkeit an Petersburg erinnert. Dieselben schnurgeraden Straßen, dieselben Düfte, dieselben ... (doch wozu alles aufzählen)! »Ach, du lieber Gott«, dachte ich da bei mir, »hat es sich nun gelohnt, sich zweimal vierundzwanzig Stunden lang rädern zu lassen, und schließlich genau dasselbe vor sich zu erblicken, wovon man weggefahren ist?«

1863

*Theodor Fontane*

Berlin war aber nie eine Urbs, es war nie eine Burger-(Patrizier-)Republik. All das war es nur dem Namen nach. Bis in neuere Zeiten hinein war es ein mit Büros und Kasernen reich ausgestattetes Dorf großen Stils, und eines Tages, um ein Diktum Lord Byrons zu variieren, erwachte es und war eine Residenz geworden. Eine Residenz mit einem Hof, einem Reichstag und einem Heuschreckenproletariat. Bürger hatte es nie und hat es noch nicht. Unter dem beständigen Zufluten neuen Rohstoffes, den Behörden überliefert, immer bevormundet, und vor allem in seiner ungeheuren Mehrzahl bis in die »hohen Stände«

hinauf von einer nur an dieser Stelle vorkommenden Bettelarmut, haben sich die Tugenden der Politesse, der Teilnahme, der Menschenfreundlichkeit, des Wohltuns nicht ausbilden können. In unglaublichem Grad tritt das Ich für sich ein, jeden als Feind ansehend, der auf den Moment wartet, wo ich »austrete«, um sofort in die Lücke einzuspringen. Alles ist Existenzfrage. Mit einer Art von infernaler Heiterkeit stößt einer den anderen von der Beresina-Brücke, um sich das nackte Leben und drüben am anderen Ufer eine »Stellung« zu retten.

um 1880

*Julius Maier-Graefe*

Man kommt nach Berlin, weil es groß ist. Deutschland hat unvergleichlich schönere Aussichten, aber es ist überall außerhalb Berlins treuherzig und gemütlich und von vorgestern. Berlin wurde heute fertig und kann morgen wieder abgerissen werden. Es belastet nicht. Man lebt in einem Hotel. Blanke Messinggriffe, flinke Boys, geschulte Portiers besorgen den Betrieb. Dieses Tempo braucht die moderne Kunst. Sie findet es nirgends anders. Der Reichtum der traditionellen Kunststätten hemmt sie. Man kann nichts damit anfangen. Wenn die Kunst das gegenwärtige Debakel überlebt, wird ganz gewiß Wien oder Dresden unschuldig daran sein. Berlin hat die Kräfte der Kolonisten Amerikas, liegt aber mitten in Europa.

1914

*Alfred Polgar*

Der Berliner Verkehr hat die Dichte und Velozität der Vorkriegszeit wiedererreicht, vielleicht sogar schon übertroffen. Jeder zweite Börseaner besitzt ein Auto, wenn auch nicht lang, und sucht diese kurze Zeit naturgemäß tüchtig auszunutzen. In den schnurgeraden Straßen ist Autofahren ja auch ein ganz besonderes Vergnügen, in diesen Straßen, die nur deshalb ein Ende zu haben scheinen, weil das Lineal, das sie zog, zufällig nicht länger war, oder weil dem Architekten die Geduld ausgegangen ist, noch mehr Häuser nebeneinander in ausgerichteter Linie hinzustellen. Hätte der unglückliche Krieg deutsche Expansions- und Kolonisationskraft nicht gebrochen, späte Urenkel würden es erlebt haben, daß der Kurfürstendamm mit Nummer soundso viel Millionen in Kurfürstendamm Nummer eins zurückgelaufen wäre ... 1922

*Bertolt Brecht*

Es gibt einen Grund, warum man Berlin anderen Städten vorziehen kann: weil es sich ständig verändert. Was heute schlecht ist, kann morgen gebessert werden. Meine Freunde und ich wünschen dieser großen und lebendigen Stadt, daß ihre Intelligenz, ihre Tapferkeit und ihr schlechtes Gedächtnis, also ihre revolutionärsten Eigenschaften, gesund bleiben. 1928

*Michel Butor*

Wenn ich durch Berlin gehe mit den besten mir erreichbaren Registrier- und Meßgeräten, dann stelle ich fest, daß die Stadt selbst ein außergewöhnlich empfindliches Wahrnehmungsinstrument ist. Ihre Situation macht sie zu einem leidenschaftlichen Horchposten, und ihre Struktur, der Umstand, daß sie wie eine Membrane hineinreicht in die Gespanntheit einer ungewöhnlich empfindlichen Grenze, macht die Stadt zu einer Art Mikrophon, ja zu einer Art von Trommel, in deren Innern sich die geringsten Vibrationen – man kann auch sagen: entferntesten Vibrationen durch Erschütterungen von bemerkenswerter Feinheit und Klarheit anzeigen. So ist die Stadt Berlin für mich ein Instrument, ein vollkommenes Instrument, kraft dessen ich die verschiedenen Sprünge der Welt registriere und verarbeite. 1964

*Ingeborg Bachmann*

Es wird von einer Gegend hier die Rede sein, umständehalber, von einer Stadt, da mehr sich nicht anbietet, einer, die sich auf »Teilung« hinausreden möchte. Teilung: das ist ein anderes Wort, es nimmt vieles ab, das Denken nicht zuletzt. Es hört sich an nach Operation; postoperative Schmerzen nicht ausgeschlossen, letaler Ausgang selten. Es muß also, wenn es um Zufälle geht, etwas weit zurückliegen, intermittieren, konsequent aber wiederkommen mit neuen Zufällen. Die Beschädigung von Berlin, deren geschichtliche Voraussetzungen bekannt sind, erlaubt weder Mystifizierung noch eignet sie sich zum Symbol. Was sie erzwingt, ist jedoch eine Einstellung auf Krankheit, auf eine Konsequenz von variablen Krankheitsbildern, die wiederum Krankheit hervorruft. Diese Einstellung kann jemand nötigen, auf dem Kopf zu gehen, damit von dem Ort, von dem sich leicht Hunderterlei berichten ließe, dem aber schwer beizukommen ist, Kunde gegeben werden kann. 1965

*Walter Höllerer*

... Berlin ist vielfältig, es ist aus Dörfern zusammengesetzt, aber es hat in seinen Kneipen ein zusammenhängendes Lymph-System. In ihnen kann man die aktuelle Semiologie der Stadt samt Wohlbefinden, Hektik, Einigelung, Hypnose, Neurose, ablesen.

»Sie kennen Berlin«, höre ich, sagt Herr Dr. Preuss. »Kombinieren Sie einmal, verehrter Semiologe, den semiologischen Bestand von Bismarck und Moltke und Roon am ›Großen Stern‹ mit dem der Bronze-Flamme am Reuter-Platz – samt dem an der Oper Schildwache schiebenden Leo Blech! Nehmen Sie noch das sowjetische Ehrenmal mit Panzer und Übersoldat dazu, die Anti-Stalinismus- und Anti-Nazismus-Steine am Steinplatz, auch den goldenen Siegessäulen-Engel und die Brandenburgtor-Quadriga, setzen Sie die Fehlleistungen des monumentalen Bestands in Beziehung zum inneren Gehirn des dort, im Denkmal-Schatten, sein Geld verdienenden Kollektivs, betrachten Sie die monumentalen Aufsitzer, den zusammengeflickten Anspruch der Vergangenheit auf dem zusammengeflickten Anspruch der Gegenwart, hüben-wie-drüben, den huckepack-sitzenden Druck und die Druck-Stellen am inneren Gehirn: halten Sie es für möglich, daß man, diesen Denkmals-Bestand um-und-über-sich, lebt ohne Hysterie?« 1973

# Die Geburt des Berliners aus dem Geist der Ferne

Was ist Ideologie? Wenn einer sagt, er sei ein Berliner.

*Münchner Lach- und Schießgesellschaft*

»Den Berliner, wie er etwa in bayrischen Alpträumen vorkommt, gibt es in Berlin nicht. Er entsteht fast nur auf Reisen. So wie der Mensch mit seinen höheren Zwecken wächst, so der Berliner mit seinen ferneren Zielen. Man verfrachte einen ganz normalen jungen netten Schmargendorfer mittels Pauschal-Jet nach Mallorca, und er kommt als Berliner dort an. Ehe er losfuhr, hatte er noch seinen Kopf für sich; wenn er da ist, verkörpert er Berlin. Er spricht so laut, wie wenn die Fremde für ihn das ist, was für Kinder das dunkle Zimmer; er wirft sich für seine Stadt in die Brust, und das heißt für irgendeine wirre Mischung aus großem Kurfürst und großer Schnauze, aus Philharmonie und ›*Chez-Nous*‹, aus Wannsee und Hertha BSC, aus »Uns kann keener« und »Die können uns alle mal«. Der Berliner entsteht, wenn er Berlin verläßt. Aus Leuten, die Berlin verlassen haben, ist vor Jahren sogar ein leibhaftiger »Bund der Berliner« entstanden.

Der Berliner in den Ferien hat die umwerfende Wucht einer Naturkatastrophe. Ein Reisebus mit Berlinern kann über eine entlegene Gegend hereinbrechen wie ein Lawinenunglück: Alles andere wird verschüttet, und die Angereisten fühlen sich auf die schrecklichste Weise zu Haus. Mit grausigem Humor ergreifen sie von Landschaft und Wirtschaft Besitz; aber statt sich auf die Begeisterung an der Umgebung zu verlegen, erwacht in ihnen ein nie gekanntes Entzücken über

Berlin. Jetzt sehen sie klar: welch eine herrliche Stadt, in der sie leben. Jetzt dampft ihnen der Lokalpatriotismus aus sämtlichen Poren, und die Spezialform des Heimwehs bricht aus: der Größenwahn. Berlin ist nicht nur die beste aller Welten, sondern auch die einzig mögliche, menschenmögliche Welt schlechthin. Aber der Ekstase wohnt auch immer etwas Panik inne: das sanfte Entsetzen darüber, daß man ein Berlin, wie man es aus der Ferne sieht, nie aus der Nähe wird erleben können, daß ein gut Teil Fata Morgana im Spiel ist. Wunschvorstellung und wieder mal: Behauptungswillen. Daher auch der Irrealismus der Witze, die den reisenden Berliner zeigen, zum Beispiel:

Ein Bayer zeigt einem Berliner die Alpen. So hohe Berge, sagt der Einheimische, gebe es in Berlin aber nicht. Darauf der Berliner: »Nee, aber wenn wir se hätten, wärn se noch höher.«

Auch Herrn Schnaase sind die Berge nicht hoch genug. Herr Schnaase ist ein Berliner Ferienreisender vor knapp fünfzig Jahren; er kommt in dem witzigen Ferienbuch *»Altaich«* von Ludwig Thoma vor und fährt wie folgt aus der Haut: »Kinner! Mir geht allmählich 'n Seifensieder auf. Dieses biedere, um verschiedene Jahrhunderte zurückgebliebene, schlichte Volk hat uns Berliner auf unserm ureigensten Gebiete geschlagen, nämlich auf dem Gebiete des Zeitungs- und Inseratenwesens! Allerhand Achtung vor dem geriebenen Jungen, der das, was wir hier sehen, mit fetten Buchstaben ausgerechnet in einem Berliner Blatte als Höhenluftkurort ausschreiben ließ. Der Mann hat Mut und Phantasie, und die Art, wie er uns eingewickelt hat, imponiert mir. Wenn ich 'n Berliner Inserat lese, bin ich vorsichtig, und kommt's recht dicke, denn denke ich mir: Schreibe, mein Herzken. Aber wenn das Auge mitten unter den großstädtischen Schwindelannoncen ganz unvermutet auf so ne angepriesene Oase fällt, denn riecht's förmlich nach Natur und Treuherzigkeit, und kein Mensch denkt an Schwindel, und man malt sich ne Idylle aus, man gibt noch selbst was dazu, weil man glaubt, dieses schlichte Volk hat gar nich den Mut, ordentlich aufzutragen. Man denkt, es is zu schüchtern, zu naiv. Un denn eilt man auf Flügeln des Vertrauens her und sieht, was einem die Brüder als Höhenluftkurort in den Voralpen angedreht haben . . .«

Dabei ist Herr Schnaase, im Vergleich zu anderen Reisenden, noch ein Engel an Sanftmut und ein Ausbund an Verständnis. Selbst Theodor Fontane konnte ziemlich grantig werden, wenn er, was oft vorkam, auf Reisen war. Einmal schimpfte er (aufs Papier): »Ein Gefühl von Ungehörigkeit, und zwar nicht bloß in Geldsachen, begleitet den Reisenden von Stunde zu Stunde und bringt ihn recht eigentlich um den Zweck seiner und jeder Reise . . . Auf die eine oder andere Weise muß hier Wandel geschafft, müssen die Leistungen höher oder die Preise niedriger werden . . . Weg mit den abgetretenen, lächerlichen Teppichfetzen, weg mit der tabaksverqualmten Goldtapete, weg mit dem schäbigen Plüschsofa und der türkisch geblümten Steppdecke, deren bunte Dunkelfarbe jede Möglichkeit zuläßt, vor allem weg mit dem großen Reisetyrannen, dem Table d'hôte's-Unsinn, weg mit den sieben Gängen, die bis zum letzten Bissen nichts repräsentieren als einen Wettlauf zwischen Hungrigbleiben und Langerweile . . . Statt dieses elenden Plunders eine gut ventilierte Stube, ein Stuhl und ein Tisch . . . Die Herren Wirte sind *des* Publikums willen da, nicht das Publikum der Wirte willen.«

Zur heftigsten Form der Umweltfeindlichkeit aber bringt es der Berliner, wenn er in der Ferne nicht Gast, sondern Wirt ist. Die Südsehnsucht, das Wirtschaftswunder und privater Unternehmungsgeist haben ja ein paar clevere Leute Gastarbeiter werden lassen in den Gegenden, die außer vom Mittelmeer auch von der Tourismuswelle bespült werden. Gastarbeiter will in diesem Fall heißen: Hotelbesitzer. Ihre Häuser sind Trutzburgen der Properkeit, ihre Strände zeigen den Südländern, was eine Harke ist, ihre Hausordnungen zeugen vom Geist einer Zeit, in der Ruhe die erste Bürgerpflicht war. Und essen kann man wie zu Hause, Eisbein, Bulette, Strammer Max. Es sind dies kleine Oasen des Preußentums, und wenn man keine Lust hat, braucht man Mignon mitsamt dem Land, wo die Zitronen blühen, allenfalls als das gleichnamige Filet kennenzulernen. Aber merkwürdig, daß die meisten Gäste solcher Berlin-Basteien wiederum Berliner sind. Deren Urlaubsfreude ist offenbar durchsetzt mit einem Schuß Masochismus; wie anders ließe es sich erklären, daß sie sich nach Bad und Sonnenuntergang gefügig die Teerflecken von den Füßen reiben, daß sie einen fast kasernenähnlichen Zapfenstreich mitmachen, und daß sie mit einer fast demütigen Haltung dem leben, was sie ihre Gesundheit nennen. So reine Berliner Luft, und die Betonung liegt auf rein, wie in manchen mediterranen Quartieren atmet man im eigentlichen Berlin nicht. Und es gilt auch, was Fontane Ende des vergangenen Jahrhunderts von Misdroy schrieb: »Denn wie steht es mit Misdroy? Misdroy hat erstens mehr Berliner als Berlin und zweitens, was doch bei deinem Teint eine Rolle spielt, mehr Mücken als Berlin ... Und was doch auch in Betracht kommt, wenn ich im Bade bin, will ich im Bade sein und nicht an der Börse ...«

## Deutschland deine Berlinerinnen

> Die Berlinerin ist das lebendigste, lustigste, liebenswürdigste, klügste, treueste, pikanteste, edelste, verständnisvollste und reizendste Geschöpf der ganzen Erde. Erscheint dies jemandem zuviel gesagt, so mag er von den hier angewandten Eigenschaftsworten fünf oder sechs streichen, und es bleibt noch genügend übrig.
>
> *Gerhart Hauptmann*

Was die Äußerung Hauptmanns so unsinnig macht, ist nicht der von ihm selbst bemerkte Umstand, daß er übertreibt, sondern daß seine Hingerissenheit so unspezifisch ist. Was er da der Berlinerin zuschreibt, könnte man, mit etwas Liebe, von allen Frauen überall sagen. Was aber bleibt von einem Kompliment, das nicht zu unterscheiden, das nicht das Besondere zu rühmen weiß? Wer die Berlinerin zu beschreiben versucht, darf den Mund nicht allzu voll nehmen.
Drei Wörter, versuchsweise: Die Berlinerin ist *quick, prick* und *schick*. Sie läßt sich, obwohl selbst keineswegs dazu veranlagt, am besten einsilbig beschreiben. *Flink, keß* und *kühl*. Letzteres kann täuschen, die Keßheit aber auch. Sie ist *wach, vif* und von Haus aus *wirsch*, will sagen gewissermaßen vorsätzlich gut gelaunt. Das Programmatische an dieser guten Laune wirkt mitunter wie ein allzu strammes Korsett (das die normale Berlinerin, von der hier die Rede ist, natürlich nicht mehr trägt). Das Forcierte hängt damit zusammen, daß die Berlinerin nicht nur andern Menschen, sondern auch dem Berliner über sein will. Oder muß.
Geht es an die zweisilbige Charakteristik, so drängen sich zwei Wörter auf: *Patent* und *proper*. Patent, das ist nicht »schneidig, elegant«, wie das Fremdwörterlexikon übersetzt, sondern lebenskundig und -lustig, jeden Tag aufs neue von heute, zupackend, gewitzt und partout nicht für dumm zu verkaufen. Proper:

das meint die berlinische Form der Sauberkeit, das Aufgeräumte schlechthin, eine Ausstrahlung von Tüchtigkeit und jene Koketterie mit der Vergeblichkeit, die man Ordnungsliebe nennt. Eine Aura von Frische, gelegentlich auch Früsche genannt, umgibt die Berlinerin, und eher als nach einem Parfüm riecht sie nach einer *Lenor*-Ouvertüre.
Was nun den äußeren Umriß angeht, den solche Aura umgibt, so läßt sich Verbindliches nicht sagen, außer daß es übertrieben wäre, sich Sorgen wegen allzu großer Zerbrechlichkeit zu machen. Die oben beschriebenen Tugenden weisen ja nicht nur auf Hand-, sondern auch auf Körperfestigkeit hin, und wer mit beiden Beinen auf der Erde steht, braucht auch ein bißchen Belastung von oberhalb. Bei den jungen Mädchen waltet das vor, was ich eine schlaksige Drahtigkeit nennen möchte, dazu der nachgerade weltweite Jeans-Schlendrian; aber es scheint, daß für viele junge Frauen der Punkt kommt, wo sie der Größe 36 und 38 Valet sagen. Von einer allgemeinen Anlage zur Molligkeit zu reden, wäre infam, aber das dialektische Wort »vollschlank« paßt sicher für den Steckbrief der Durchschnittsberlinerin.
Eine »Witzlingin«: Lessings schönes Wort, Übertragung des englischen *She-wit*, wäre wohl für die Berlinerin fällig. »Mehr als die Muttersprache«, schreibt Sigismund von Radecki, »ist es der Mutterwitz, der die Berlinerin am schönsten macht.« Aber eben, daß man beide Schönheitscremes nicht trennen kann, zeichnet die Berlinerin aus in ihrer zupackenden Spontaneität. Sie hat Haare auf den Zähnen, trägt sie aber gern gut frisiert. Und die Frisur kommt auch in ihren Pointen vor, etwa wenn sie ihren sanft zudringlichen Chef abwehrt mit den Worten: »Sie wolln mir wohl ne Locke ins Jemüt brennen?«
Von Radecki stammt auch noch eine andere interessante Bemerkung: »Und wie in der Sprache, so ist sie auch in der Liebe höchst energisch; sie zeigt im kleinen Krieg mit den Männern eine Angriffslust, die sie alles übrige vergessen läßt.« Aber eben nicht nur im Kleinkrieg des Büros, in der verwalteten Welt, nicht nur in den

Läden, in denen man (Vorsicht!) oft bedient wird, als seien die jungen Damen von jeglicher Kundschaft reichlich bedient, nicht nur in den gewissermaßen neutralen Situationen des Lebens, sondern gerade auch beim Flirt oder seiner ersten Weiterung, der Romanze, oder seiner zweiten: der Liebe, oder seiner Fortifikation: der Ehe. Die Verliebtheit der Berlinerin hat etwas unerhört Aufkratzendes, ihre Zärtlichkeit ist durchaus zupackend, und ihre Leidenschaft denke ich mir mit kräftigen Zügen von Organisationslust angereichert. Selbst die große Liebe muß in den Kram passen. Erst kommt der Tag, dann die Nacht. Und wenn die kommt, sind sicher in Berlin Situationen denkbar, wie sie der englische Autor Laurence Sterne von der Zeugung seines Helden Tristram Shandy erzählt:
»›Hör, mein Lieber‹, sagte meine Mutter, ›du hast doch nicht vergessen, die Uhr aufzuziehen?‹ – ›Großer Gott!‹ rief mein Vater, ziemlich verdrießlich, wobei er sich gleichwohl bestrebte, die Stimme zu mäßigen, ›hat wohl jemals eine Frau, solange die Welt steht, ihren Mann mit einer so einfältigen Querfrage unterbrochen?‹«

Das eben ist es: die Uhren dürfen nicht stehenbleiben, das Leben, auch wenn man dafür sorgt, daß es weitergeht, muß weitergehen. Die Tüchtigkeit, das Tagesgenie der Berlinerin ist aber keine egoistische Tugend; sie wird auf den zugehörigen Mann übertragen. Die eigentliche Mitgift der Berlinerin ist eben ihre Dynamik, ihre schöne Unermüdlichkeit, ihr Erfolgssinn, ihre Witterung für Chancen. Sie ist der Motor für Karrieren, sie befeuert manche Laufbahn, sie staffiert ihren Mann nicht nur mit Kleidungsstücken und Frühstücksbroten, mit Krawatten und Manschettenknöpfen aus, sie gibt ihm auch oft von ihrem Selbstbewußtsein und ihrer Energie was mit auf den Weg, fast könnte man sagen: es gibt nicht wenige Berlinerinnen, die im wahrsten Sinne ihren eigenen Mann stehen.
Im Werbetext eines vor kurzem erschienenen Buches über *»Große Berlinerinnen«* heißt es: »Sie alle haben das Gesicht Berlins mitgeprägt und entscheidend dazu

beigetragen, dem Typus der Berlinerin einen internationalen Qualitätsanspruch zu verleihen.« Ja, mit so sachlicher Begeisterung reden manche Leute von der Berlinerin. Der Berliner Bibliothekar Gustav Sichelschmidt porträtiert in diesem Buch sechzehn Damen aus der älteren und neueren Vergangenheit, mehr oder minder diejenigen, die sich als die »großen« eingebürgert haben: die Kurfürstin von Brandenburg, die erste Königin von Preußen (Sophie Charlotte), die »Naturdichterin« Anna Luise Karsch, die »deutsche Pompadour« Wilhelmine Encke und »die schöne Helena von Berlin« Pauline Wiesel, dann die Damen der Romantik, Caroline von Humboldt, Marie von Clausewitz, Rahel von Varnhagen, natürlich Bettina von Arnim und später Marie von Olfers, dazu die volkstümliche Theaterleiterin Julie Gräbert, und aus dem 20. Jahrhundert die Schauspielerinnen Tilla Durieux, Claire Waldorf und Rotraut Richter.

Natürlich fehlt auch Madame Dutitre nicht, jene Frau hugenottischer Herkunft, die für die Nachwelt zum Prototyp der Berlinerin geworden ist, das Original schlechthin. Sie war schon aus dem Schneider raus, über Dreißig, als sie sich mit der in diesem Kapitel schon beschriebenen Eigensinnlichkeit ihren Mann eroberte, den Tuchmacher Etienne Dutitre, der eine Kattunmanufaktur mit über hundert Webstühlen betrieb. Dutitre verkehrte im Hause des Vaters der nicht mehr ganz jungen Frau, fand aber wohl lange nicht den Mut oder die Veranlassung zum Antrag, bis Anne Marie, Petersilie hackend in der Küche, einmal zu der famosen Partie sagte: »Na, Dutitre, Sie möchten woll janz jerne, daß ick in Ihre Küche später ooch mal Petersilie hacke?« So wurde sie Madame Dutitre. Als später einmal ihre Gesellschafterin ihre Sprache korrigierte und monierte, daß sie immer »jeloofen« für »gegangen« sage, fuhr sie die »Feine« an: »So, jejangen heeßt et? Ick wer' Ihn' mal wat sagen, Mamsellcken, ick bin jeloofen und hab den reichen Dutitre jekricht, und Sie sind jejangen und jejangen und haben immer noch keenen jekricht.« Ihr berühmtester Ausspruch ist der, den sie, die Kontakt zum Hofe hatte, Friedrich Wilhelm III. zum Troste sagte, als seine Frau, die Königin

Luise, gestorben war: »Ach ja, for Ihnen is et ooch nich so leicht. Wer nimmt heute schon 'n ollen Witwer mit sieben kleene Kinder.« Natürlich sind alle diese Äußerungen in Varianten überliefert, natürlich hat schon die Zeitgenossenschaft daran herumimprovisiert, um wieviel mehr die Nachwelt; aber immerhin scheint es, als habe diese nicht eben hübsche, nicht übermäßig charmante, nicht übermäßig kluge Dame neben der Kattunfabrik ihres Mannes ein gutgehendes Mundwerk betrieben.

Aber was sollen uns Geschichte und Geschichten? Bei keinem andern Sujet wird doch Historie so absurd wie bei den Damen. Nicht, daß die Verblichenen einem heute nicht mehr die Farbe ins Gesicht zu treiben vermöchten; nicht, daß eine Tamino-Reaktion ausgeschlossen wäre und man sich – *»Dies Bildnis ist bezaubernd schön«* – nicht in eine Schönheit aus dem 18. oder 19. Jahrhundert vergucken könnte. Wen, allen Ernstes, ließe das kleine, kecke, lüsterne Gesicht der Wilhelmine Encke kalt, wen die mondäne Kühle der Pauline Wiesel, wen der traumhaft-tranige Blick der Bettina? Man stelle sich aber vor, daß es einen überfiele: die oder keine! Man stelle sich doch den Umstand vor: kein Schwiegervater oder Finanzproblem, keine bereits vorhandene Gattin und keine Kinder, kein Berufsrisiko und kein Skandal könnten einen davon abhalten, nun aufs Ganze zu gehen, das große irdische Glück zu probieren, in bodenlose Leidenschaft hineinzutaumeln – nur die rigorose Tatsache, daß die Dame eben nicht mehr von dieser Welt, nicht mehr aus dieser Zeit ist und daß der Gedanke an Hautnähe sich geradezu wie ein Schauder verbietet. Es ist diese Überlegung, die uns zurückschnellen läßt in die Gegenwart, in den Bereich des Möglichen.

Was Verkörperungen der Resolutheit angeht, braucht man ohnehin keine Recherchen in der Vergangenheit. Lesen wir doch bei Walter Lennig die folgende Passage nach:

»Ja, es war die von uns allen ebenso grenzenlos bewunderte wie gelegentlich auch gefürchtete Kollegin Karena – der Vorname genügt im Berlin der Intellektuel-

len –, die einmal etwa zwanzig Minuten nach elf Uhr abends das Café (Bristol) betrat, den entsetzten Geschäftsführer wie eine leicht verärgerte Kobra fortzischte, verächtlich an zwei erstarrten Servierdamen vorbeischritt und sich mit wahrhaft nervenaufreibender Umständlichkeit an einem Tisch niederließ, aber keineswegs, wie die zuständige Serviererin inständig gehofft hatte, schnell einen Kaffee bestellte, zahlte, im Stehen austrank und von dannen rannte; o nein, mitnichten traf sie auch nur Anstalten, die zu einer solchen Hoffnung berechtigt hätten, sondern sie studierte die Getränkekarte mit einer förmlich zermarternden Langsamkeit, während es ringsum vor Zorn und Spannung geradezu knisterte... Die Serviererin warf anfeuernd erwartungsvolle Blicke auf den Geschäftsführer, aber der war kein Matador, sondern ein offensichtlich einschlägig leidgeprüfter Dulder, er zuckte mehrmals elegisch die Schultern und betrachtete dann einfach die Decke... So vergingen zehn Minuten, es herrschte eine Stille wie vor einem Raketenstart. Dann winkte Karena der ernst und drohend blickenden Serviererin, die sicherlich etwas ganz Ausgefallenes erwartete, und sagte liebenswürdiggelassen: »Eine Tasse Kaffee, bitte!« ...
Oder es mag urbane Emanzipation für sich selbst sprechen, etwa aus diesen Zeilen eines prosaischen Gedichts der in Berlin lebenden Autorin Marianne Eichholz:

»Mein Hörsaal waren
Wochenmärkte in Schöneberg
meine Abendkurse waren
Zeitungsausrufer auf dem Moritzplatz
meinen Nachtspruch sagten
Rustern und U-Bahn-Schächte
rhythmische Anweisungen erhielt
ich von Nietmaschinen

Pflasterrammen
die gerade Mundart zeigten mir
Kabelarbeiter in Pankow
Dies ist ein Anerkennungsschreiben
für ein Bildungserlebnis:
jene Stadt
als ich begriff
wer meine Nächsten sind
was für eine Ansammlung von Lebenssucht ...«

Und dann muß der intelligentesten Nüchternheit Berlins Reverenz erwiesen werden, einer schon genialisch zu nennenden Sachlichkeit, einer verwegenen Präzision und zierlichen Festigkeit, einem politischen Kopf ersten Ranges, der 1900 geborenen Margret Boveri. Man kann sie gelegentlich treffen an Stellen der Berliner Schnellstraßen und S-Bahnstrecken, dort, wo die Stadt ganz Bewegung, ganz Dynamik ist und immerfort ihr eigenes Weites sucht. Dort fertigt sie Skizzen solcher Unaufhaltsamkeit. Aber ihr eigentliches Metier ist das Schreiben, und ihr Buch *»Tage des Überlebens«* ist eine aufregend gelassene Chronik des Kriegsendes in der Stadt, jener Unzeit, als es Berlin wirklich nicht mehr gab. Da heißt es zum Beispiel:
»In der Nacht bin ich die einzige, die oben schläft. Die anderen finden mich verrückt. Ich sage: die Chance, daß es gerade mich trifft, ist ebenso groß wie daß ich das große Los ziehe, und auf die habe ich noch nie etwas gegeben. Das sage ich mir auch selbst, wenn es toll rauscht und prasselt und ich im Bett Angst bekomme. Als der Krach heute Nacht den Höhepunkt erreicht hatte, stand ich wieder auf; vom Balkon war das übliche Feuerwerk zu sehen: rote und gelbe Leuchtkugeln; eine zog langsam über den Park und spiegelte sich im See. Klarer Himmel und fast Vollmond. Da ich auf der Straße die Silhouetten von Panzern sah, ging ich

hinunter, stolperte am untersten Treppenabsatz über eine Gestalt; andere ruckten auseinander, lauter übermüdete Soldaten, die nach dem Kampf da schliefen. – Heute wäre an sich ein klarer Tag gewesen, wenn nicht durch die viele Rauchentwicklung immer wieder der Himmel sich bezöge.
Der Herdbau ist viel schwieriger als ich annehme. Ich muß immer wieder Gänge in die Trümmer machen, um mir passende Steine oder Eisenteile zu suchen. Heute kam ich aber sehr vorwärts. Nur fehlt mir noch eine Tür zur Feuerstelle. Dann kann das Mauern beginnen ...«
Deutschland deine Berlinerinnen. Unter allen Komplimenten gebührt ihnen dieses: Sie haben alle das Zeug zu einer Mutter Courage, sie sind alle gesegnet mit einer Alltagstapferkeit, die schon deshalb nichts Männliches hat, weil Tapferkeit kaum eine männliche Qualität ist. Männer halten es allenfalls mit der Bravour, nicht mit der Courage.

# Berliner Augenblicke

I

Wenn die U-Bahn zwischen Kurfürstenstraße und Gleisdreieck plötzlich den Tag anbricht, strahlend sich aus dem Untergrund erhebt und nun »überirdisch« weiterfährt, gelb wie aus dem Ei gepellt, Wahrzeichen des metropolischen Drunter und Drüber ...

II

Wenn die Stadt, irgendwo in Charlottenburg, einen Sommermorgen in Betrieb nimmt, der nach Milchgeschäften, Akazien und klopffreiem Benzin riecht, noch nichts weiß von Mittagshitze und dem heraufziehenden atlantischen Tief, mit pilsnerfarbener Sonne Leuchtreklame macht für ein ganz neues Berlingefühl und man sich dann entschließt, das Auto stehen zu lassen ...

III

Wenn der Leihsarg aus dem »Zillemarkt« wieder mal gebraucht wird und, vor dem Abtransport, auf dem Gehsteig herumsteht, schwarz, aber unpathetisch, und wenn keiner von den Passanten, die mit belustigtem Gesicht vorbeigehen, auf den Gedanken zu kommen scheint, der könnte sich auch mal begraben lassen ...

IV

Wenn abends ein Kneipenradio in West-Berlin aufhört, Schlager zu spielen, und wenn dann in den Nachrichten vom ersten Parteisekretär Erich Honecker und vom Sieg des Sozialismus und von der weltweiten Anerkennung der DDR gesprochen wird, und wenn man merkt, daß es oft nur eines kleinen Drehs bedarf, um Wahrheiten auszuwechseln ...

V

Wenn man auf dem Bahnhof Zoologischer Garten in West-Berlin ankommt (der seinen Namen hat von den Affen und Löwen und wie die andern Kamele gleich nebenan alle heißen) und das große Plakat sieht mit der Aufschrift »Besucht den Tierpark Friedrichsfelde!«

VI

Wenn über den Ruhe-Sanft-Gräbern auf dem Friedhof an der Hermannstraße auf einmal ein Höllenlärm losgeht und immer schriller und schreiender und bösartiger wird und die Ohren voll sind von einem Gedröhn, das in Schmerz umschlägt, und einer dieser erdgierigen, so merkwürdig zerfranst aussehenden Vampire über einen hinweg kreischt (aber es ist dann nur eine planmäßig landende Boeing oder Super-One 11) ...

VII

Wenn in einer Kreuzberger Bäckerei eine alte Berlinerin türkisches Brot anpreist mit den Worten: »Det nehmen se man, so'n jutes Brot ham se in Jahr und Tach nich jejessen ...«

VIII

Wenn man auf der Königsallee hinter einem ungefügen Kastenwagen herfahren muß, bis man erkennt, daß »Herren« dransteht und man es mit einer transportablen Bedürfnisanstalt zu tun hat, die für die Sommersaison auf den Grunewald hinausläuft ...

IX

Wenn man dem jungen österreichischen Autor begegnet, der aus seinem Stipendienjahr einen Daueraufenthalt gemacht hat, weil er für seine Grazer Melancholie endlich den richtigen Rahmen gefunden hat ...

... dann wird die Stadt, wie man hier sagt, für Augenblicke »momentan«, erkennbar in ihrem verwegenen Aggregatzustand aus Grenzfall und Sitzecke, aus Schlagzeile und Schrebergarten, aus Dialektik und Einseitigkeit, dann wird da eine Siedlung sichtbar, die immer wahnsinnig viel Zukunft und fast gar keine Vergangenheit hatte und dazwischen jene Gegenwart beanspruchte, die man das Nu nennt, was eine Art Stenogramm für das Nun ist, ein klitzekleines Jetzt: Geistesblitz, Schrecksekunde, aber auch der Götterfunken Freude.

# Inhalt

In gleicher Ausstattung erschienen:

*Hugo Hartung*
Deutschland deine Schlesier

*Ernst Johann*
Deutschland deine Pfälzer

*Hans Hellmut Kirst*
Deutschland deine Ostpreußen

*Rudolf Krämer-Badoni*
Deutschland deine Hessen

*Karl Krolow*
Deutschland deine Niedersachsen

*Franz H. Mösslang*
Deutschland deine Bayern

*Josef Müller-Marein*
Deutschland deine Westfalen

*Robert Neumann*
Deutschland deine Österreicher

*Hans Werner Richter*
Deutschland deine Pommern

*Ernst von Salomon*
Deutschland deine Schleswig-Holsteiner

*Eugen Skasa-Weiß*
Deutschland deine Franken

*Thaddäus Troll*
Deutschland deine Schwaben

*Thaddäus Troll*
Preisend mit viel schönen Reden
Deutschland deine Schwaben für Fortgeschrittene

*Dieter Wildt*
Deutschland deine Preußen

*Dieter Wildt*
Deutschland deine Sachsen

*Ben Witter*
Deutschland deine Ganoven

*Georg Zivier*
Deutschland und seine Juden